元ルイ・ヴィトンNo.1販売員が教える

上質で選ばれる接客の魔法

櫻澤 香
Sakurazawa Kaori

日本実業出版社

はじめに

本書を手に取っていただき、ありがとうございます。

この本は『上質で選ばれる接客の魔法』というタイトルですが、皆さんにお伝えするのは、私がかつてルイ・ヴィトン（以下、ＬＶ）の販売員として実践してきた**「目の前のお客様を必ず喜ばせる工夫」**です。

もともと私は、証券会社の一般職ＯＬでした。96年にルイ・ヴィトン・ジャパンに転職し、01年まで新宿高島屋店、サンローゼ赤坂店（現在は閉店）で販売職として働きました。

私は、ＬＶが日本で急成長を遂げる過程を目の当たりにしながら、在籍中の5年間で、延べ約3万人の方々を接客しました。そして気づいたら、つねに個人売上日本一を達成していたのです。在籍当時、日本がＬＶの最大のマーケットでしたから、実質的に5年連続で売上世界一だったといえるかもしれません。

だからといって、私は何も特別なことをしていたわけではありません。

「お客様を喜ばせる」ことだけを考えて、行動し続けたのです。

そうしているうちに、結果的にいつの間にかお客様が増えて売上につながってしまったのだと思います。

ところで皆さんは「ＬＶ」と聞いて、どんなイメージを持っていますか？

高級感がある、丈夫、ステータスがある、ファッショナブル……さまざまだと思います。

ＬＶの代表的な商品といえば、旅行カバン（ハードトランク）です。

創業者のルイ・ヴィトンは、フランス皇帝ナポレオン3世の妃、ウージェニー皇后の荷物を運ぶトランクづくりの職人でした。

19世紀のフランス貴族は、移動のたびにたくさんのドレスや身の回り品を持ち歩かなければなりませんでした。その際に「選ばれた」のが、ＬＶのハードトランクだったのです。

ＬＶの原点といえるハードトランクは、その大きさやオーダーメイドかどうかなどでかなり幅がありますが、値段は20万円くらいから、高いもので数百万円するものまであります。

私自身、ハードトランクが大好きで、誰よりも多く（通常は年に１～２本のところ30本近く）販売員したことから、〝ハードの女王〟の異名をいただいていました。

実をいうと、ＬＶのハードトランクには、古くから「お客様に喜ばれる」サービスの心が詰まっているのです。

私がＬＶで実践してきたことは、１５０年以上の歴史に裏打ちされた〝真のサービス〟でもあります。

お客様に喜んでいただくと、それがかけがえのない出会いにつながります。

私はＬＶを退職後、４年間グローブ・トロッター・ジャパンの営業部長を務めました。２００５年に独立。当初は、接客コンサルティング、レストランやファッション関連のPR・ブランディングなどの仕事を行ないました。現在は、新入社員研修のほか、海外旅行のプライベートアレンジ、カレーショップ（蜂の家）やカルチャースクール（ルームオブファウンテン）の運営などを手がけています。

特別な才能があるわけでもない私が、会社の社長として、自分のやりたい仕事をできるのは、一つひとつの出会いを大切にし、次から次に〝ご縁〟がつながっていったからです。

それもこれも、**すべて「喜ばれる」から始まったものなのです。**

本書では、お客様に喜んでいただける考え方と習慣（おもてなし術）を、私がLVで経験したエピソードをもとに具体的に紹介します。

誰かに喜んでもらえることは、販売員に限らず、どんな職業にも通じます。

仕事（職場）はもちろん、家庭、恋愛、プライベートにおいても同じです。あらゆる人間関係に役立ちます。

大切な人を喜ばせることができれば、その人から「もう一度会いたい」と思ってもらえます。

「誰かのため」は「自分のため」になります。

この本が、皆さんの仕事や人生に少しでもお役に立てて、喜んでいただければ幸いです。

櫻澤　香

はじめに　001

第1章

ルイ・ヴィトン流「喜ばれる」サービス

1　LVが150年以上も大切に持ち続けている創業精神。……014
2　お客様と長くお付き合いできるのは幸せなことです。……018
3　サービスとは、お客様にとっての「たった一つ」を追求することです。……022
4　お客様と一緒に商品をつくりましょう。……025
5　お客様が喜びをイメージできるように語りましょう。……029
6　お客様にぴったりの商品を見つける最高のお手伝い。……033
7　「高い商品でもお得」と思わせるサービス。……037
8　「役に立ちたい」から、お客様と一生のお付き合いが始まります。……041

第2章

「もう一度会いたくなる」販売員の習慣

9 あなたからお客様のファンになりましょう。……046
10 「また会いたい」と思うから「また会える」のです。……050
11 ひと褒め、ひと笑い。……054
12 「笑顔」がダメでも「元気」は出せる！……058
13 身だしなみはおもてなし。……062
14 お客様に会ったら、手を振りましょう。……066
15 「銀座で飲むより安くて楽しい」お客様からもらった思い出のひと言。……070
16 「やさしい」と忙しくなり、「忙しい」と声がかかります。……074
17 〝言葉力〟を向上させる「大河ドラマ」と「ペン習字」。……077

18 電話口は少し大げさに。その前に早く出る！…… 081
19 趣味も実力のうちです。…… 085

第3章

接客は「はじめまして」が一番肝心

20 「はじめまして」は控えめに。…… 090
21 お客様に恥ずかしい思いをさせてはいけません。…… 093
22 観察するだけで、お客様の心の声が聴こえてきます。…… 097
23 観察してから、声をかけましょう。…… 102
24 「何かお探しですか？」と聞いてはいけません。…… 108
25 走れ、走れ、小走りで。…… 112

26 接客は、一人「1時間」でも足りません。…… 115
27 ご縁は「商品説明」からではなく、「雑談」から生まれます。…… 119
28 「もっと話を聞かせてください」それがサービスにつながります。…… 124

第4章

悩めるお客様の背中を押すセールストーク

29 お客様の「欲しい」を応援しましょう。…… 130
30 お客様のためなら「ティファニー」だってすすめます。…… 134
31 〝完璧な商品説明〟に勝るセールストークなし。…… 138
32 「商品説明」はデメリットから入るのがいい!? …… 141
33 「正直さ」がアダになることもあります。…… 144
34 ベテランだからこそ〝初心〟を忘れずに。…… 148

35 「ご予算はおいくらですか？」はタブー言葉。 …… 152
36 〝オススメ〟を聞かれて、「お好みですね」は× …… 156
37 「お似合いです」だけでは〝殺し文句〟になりません。 …… 161
38 「色」の知識は身を助ける。 …… 166
39 「季節」と「イベント」を武器にしましょう。 …… 170

第5章

お客様と一生お付き合いができる顧客管理術

40 お客様に喜ばれる販売員は「ノート」に何を書いている？ …… 176
41 バックヤードにお客様のブロマイドコレクション。 …… 183
42 手帳にはお客様の予定を書く。接客は「予約制」で。 …… 186
43 お礼状は必ず手書きで、お客様を思い出しながら書きましょう。 …… 190

第6章

お客様の「夢」をかなえるクレーム対応術

44 クレームには必死に対応するだけ。うまい方法はありません。……198
45 「時間」を味方に。怒りはいつかおさまります。……202
46 「褒める」のはクレームのときも同じです。……207
47 お客様が欲しかったのは「商品」よりも「やさしさ」でした。……211
48 「過去」は変えられない。「未来」を提案しましょう。……215

おわりに 220

カバーデザイン◎森デザイン室
本文デザイン・ＤＴＰ・編集協力◎アスラン編集スタジオ
写真◎松村秀雄

歴史と伝統を持つデザインと機能
性の裏には、「お客様に喜ばれる」
サービスの心が詰まっている。写
真はＬＶの「モノグラム」の化粧
ケース（著者私物）。

第1章

ルイ・ヴィトン流
「喜ばれる」サービス

Survice

1

ＬＶが１５０年以上も大切に持ち続けている創業精神。

「お客様を喜ばせる」接客について具体的な話に入る前に、ＬＶで学んだ「伝統と革新」のサービスの説明から始めたいと思います。

１８５４年、パリに旅行カバンの専門店が誕生しました。ＬＶの始まりです。ＬＶが世に送り出したのは、革のカバンよりも軽く、積み重ねることができる平らなトランク。当時としては、とても画期的な商品でした。

その後、１８９７年には自動車用のトランク、１９０６年には飛行機用のトランクを発表します。

１９２４年には、『キーポル』という「モノグラム」のボストンバッグが発売になります。キーポルは、「キープオール（＝すべてを包む）」という意味で、「旅はこれさえあればすべてＯＫ」というカバンです。

キーポルの登場で、旅にハードタイプではなくソフトタイプのカバンが利用されるようになりました。ＬＶが旅のスタイルをつくったといえるかもしれません。

ところで、「モノグラム」という「ＬとＶ」に星と花を組み合わせた模様は、もともとコピーが出回るのを防ぐために生まれたデザインですが、時代を超えて現在も幅広い世代から愛されています。

『スティーマー・バック』は、長期の旅行の際に汚れた洗濯物を保管しておくカバンです。汚れ物が外に見えないように、開閉部分が頑丈にできていて、簡単に開かないようになっています。列車で移動するとき、デッキにくくり付けて洗濯物を客車から離して保管できるという、実用的な工夫が施されています。

『スピーディ』は、キーポールより小さいタウン用のボストンバックです。その名の通り、スピーディに動けるLVの定番バックです。

最初は「ハードトランク」から始まりましたが、船、汽車、車、飛行機と、移動手段が変わるたびに、それぞれの

LVの定番デザイン

シリーズ名	概要
モノグラム	日本の家紋をモチーフに、1896年につくられた。
ダミエ	1888年につくられた。日本の市松模様をアレンジ。
エピ	稲穂柄の型押しで、カラーが豊富。1986年に発表。
タイガ	型押しされた牛革を使用。1993年初のメンズライン。

手段に対応したカバンが開発されていきました。

現在は、カバンだけでなく、財布やカードケース、キーケースなども揃えています。LVは時代のニーズに対応しながら、さまざまな商品を生み出してきたのです。

「伝統の中にも革新あり」——これはLVの目指す、創業当時から変わらない精神です。そして、いまもなお、毎年魅力的な新作が発表されます。多くの人がLVのトリコになるのは、革新を忘れない企業努力にあるのではないでしょうか。

皆さんにお伝えしたいのは、LVがただ長い歴史を持っているということではありません。**商品やサービスを通じて、目の前のお客様に喜んでいただこうとする姿勢**です。それを保ち続けることで、商品やサービスへの信頼が生み出されていくのです。

大切なのは、目の前のお客様に喜んでいただくということ。

Survice

2

お客様と長くお付き合いできるのは幸せなことです。

ＬＶでは、すべての店舗で「リペアサービス」を承っています。

リペアサービスとは、**世界中のどのＬＶで購入した商品でも、修理することができるというもの。**

ＬＶのウェブサイトには、「パリと同じパーツを取り揃え、修理に熟練した職人がお直ししております。また、リペアサービスでは、修理内容を直接お客様とご相談し、そのうえ、ひとつひとつ丁寧に修理いたします。丹精込めて修理し、お客様への思いにお答えできることは、私たちにとって大きな喜びです。」と記されています。

ＬＶの商品を長く使っていただくために必須のサービスであり、お客様との関係を一生涯つなぎ続けています。

リペアサービスの対象となるのは、ハードトランクから、タウン用のバッグ、財布などの小物まで、すべての商品です。

その中でも、私が「なんて便利なんでしょう」と思っていたのが、財布（小銭入れ）のスナップボタンの交換です。

財布は、旅行カバンと比べると明らかに使う頻度が高く、１日に何度も小銭を出すためにスナップボタンで「パチン」と開閉することでしょう。

多くの耐久テストをくぐり抜けたLVの財布ですが、開閉耐久回数を超えた場合にスナップボタンが少々ゆるくなってきます。

ただし、丈夫なLVの財布は、他の部分がまったく傷んでいないことがほとんどで、多くのお客様は、スナップボタンの交換を依頼されます。

スナップボタンの交換は短時間で終わり（店頭ですぐできる場合もありました）、料金も手頃。

買い替えではなく、修理して長く使っていただきたいというポリシーが、お客様に非常に喜ばれたのです。

私は、長くご愛用いただいていることに感謝して、商品をお預かりしました。リペアから戻ってきた商品を、店頭でチェックしてからお渡しすると、多くのお客様は「使い勝手がよくなって戻ってきた」と言ってくださいました。

このとき私は、**「リペアの職人さんたちが、日々丁寧な仕事をしてくれているからです」**と説明しました。

リペアサービスは、ＬＶとお客様の架け橋です。リペア商品を通じて、長くお客様とお付き合いすることができるからです。

お母様からお嬢様へ、オーナーが代替わりする際も、リペアサービスは大活躍です。

店頭では、こんな素敵な会話を耳にすることがありました。

「お母さん、あのバッグ、買わないの？　いずれは私のものになるんだし、買っておいて損はないわよ！」

「長く使える」ことは、お客様へのサービスです。販売員にとっても、商品を長くご愛用いただくのは、うれしいことなのです。

サービスの分だけ、お客様から長く愛される。

サービスとは、
お客様にとっての
「たった一つ」を
追求することです。

ＬＶでは、ハードトランクにはペインティングで、ネームタグなどにはホットスタンピング（熱でプレスして刻印する方法）で、お客様のイニシャルを入れるサービスを行なっています。

どちらも無料のサービスです。

旅行カバンは、空港やホテルで取り間違いが多く、これを防ぐためにも、**「イニシャルサービス」**をおすすめしていました。

しかし、そうした実用性を抜きにしても、自分用でも、プレゼント用でも、カバンにイニシャルが入ると、とてもうれしいものです。

イニシャルが入ることで、カバンが「たった一つ」の特別なものになるからです。

旅行カバンのブランドならではのサービスが、結果的にお客様にとって価値のある一品を生み出していたのです。

私は、この〝特別感〟を大切に考え、とくにプレゼント用にはイニシャル入れをおすすめしていました。

「お客様、プレゼントのお箱を開けられたときに、真っ先にご自分のイニシャルが目に入ると、吟味して時間をかけて、プレゼントをお選びになったことが、すぐに贈られた方に伝わりますよ」

お客様に提供しているのは、世界に一つの自分だけのサービス。「たった一つ」を追求すると、お客様を喜ばせることができるのです。

世界に一つだけのサービスを贈ろう。

お客様と一緒に商品をつくりましょう。

私がLVでトップ販売員になれた理由があるとすれば、「スペシャルオーダーサービス」の勉強をしっかりした、ということが挙げられるかもしれません。

スペシャルオーダーサービスには、**定番商品の素材やサイズなどを変更してオーダーする「オプショナル・オーダー」と、完全オリジナルの一点物をオーダーする「クリエーション・オーダー」があります。**

創業者のルイ・ヴィトンが、王侯貴族のためにオーダーを受けてトランクをつくっていた伝統がそのまま受け継がれ、いまも世界中のお客様に愛されているサービスです。

とくにクリエーション・オーダーは、お客様の用途に応じて、ぴったりの商品をつくり上げるのですから、完成品をお渡しするときのお客様の喜びはひとしおでした(その代わり、価格はそれなりに高いですが)。

スペシャルオーダーの例として、大型の衣装や靴のケース、化粧ケース、時計ケース、宝石ケースなどがあります。

ところで、スペシャルオーダーには興味深い特徴がありました。

一般的にLVは、女性のお客様が多いブランドです。しかし、スペシャルオーダーの利用に限り、男性のお客様が圧倒的に多いのです。

私なりの分析ですが、男性は女性より、こだわり商品を好み、それを待つことに喜びを感じる傾向が強いからではないでしょうか。

私は、ここに注目しました。

男性のお客様で、モノ好きな方には、スペシャルオーダーの魅力をお話しすることにしたのです。

スペシャルオーダーというと、最初はイメージしづらいのか、説明に少々お時間をいただくことになるのですが、ほとんどの方が熱心に耳を傾けてくださいました。

スペシャルオーダーでは、まさに、LVとお客様のコラボレーションでたった一つのオリジナル作品ができ上がります。

商品によっては、でき上がるまでに2年近くかかりますが、「自分だけの商品をつくるという喜びがあるので、かえって時間がかかったほうが楽しい」と言ってくださるお客様もいました。

私は、でき上がった商品と対面されるお客様の喜ぶ姿を想像して、一生懸命にお手伝いさせていただきました。

サービスは奥深いものです。ただモノを提供するだけではありません。**お客様と一緒に喜びをつくり上げていくのも醍醐味なのです。**

お客様と一緒につくり上げていくサービスには喜びがある。

お客様が喜びをイメージできるように語りましょう。

ＬＶのハードトランクには、**「世界に一つだけの鍵」**が付いています。

トランクの一つひとつに、「ボアティエ」と呼ばれるルイ・ヴィトンが考案した個人専用の特製防犯錠（現在は7枚羽根）が付いているのです。

この事実を、お客様は意外と知らないようです。説明すると、キーの魅力に引き込まれます。

トランクを購入したお客様は、**鍵番号がパリのＬＶ本社の顧客台帳に永久登録されます。**

そして、もしも２つ目のトランクを購入する場合には、１本のキーで２つのトランクを開け閉めできるように、鍵を統一（同じ番号の錠だけパリから取り寄せて、日本のリペアサービスで付け替え）することができます。

その昔、複数のトランクを持ち歩いていた貴族の執事やベルマンは、キーがバラバラだと、探すのに時間がかかって、なかなかトランクが開けられないという問題を抱えていました。

「パーソナルキーサービス」は、この問題を解消するために始まったものです。

現代では、長旅のために荷物をたくさん持ち歩くことが少なくなりましたが、いまもなお、その歴史に裏づけられたサービスをお客様に味わっていただいています。

映画のワンシーンに、ＬＶのハードトランクはよく登場します。

ＬＶの歴史や商品を説明するのは、販売員である私たちです。

ですから、私たちは、ＬＶの商品が出てくる古い映画もすべてＤＶＤを観て勉強します。

たとえば、映画『昼下がりの情事』は、劇中でＬＶの大型トランクが登場することで有名です。

この映画は、オードリー・ヘップバーンが演じる純情なパリの女の子「アリアーヌ」が印象的です。

映画好きのお客様には、もれなく登場シーンについてお話しします。

「ヘップバーンはエレガントですよね～。そして、こちらのトランクが脇役を務めたのですよ！」

映画の話で盛り上がり、お客様にハードトランクを購入していただいたときに言われた言葉があります。

「ありがとう。これで、私もオードリー・ヘップバーンのようになれそうだわ！」

私としても、うれしい買い物のお手伝いになりました。

お客様が、商品やサービスを使ったときの喜びを想像できるかどうかは、販売員（の説明）にかかっています。

お客様の心に訴えかけるような話し方を意識しよう。

お客様にぴったりの商品を見つける最高のお手伝い。

ＬＶの商品は価格帯が広く、数百万円から1万円以下まであります。ハードトランクやバッグ、財布など、商品ごとに「モノグラム」「ダミエ」「エピ」などのシリーズがあり、カラーバリエーションも豊富です。

多くのお客様は、カタログや雑誌、テレビで見たり、有名人や職場の上司が使っているのを見たりして、ある程度の目星をつけて来店されることになります。

ＬＶには『バケット』のＰＭ（プチモデル）という、コンパクトなショルダーバッグがあります。

かつて、スーパーモデルのナオミ・キャンベルさんが、この『プチ・バケット』を肩から掛けている映像が世界中に流れて、人気に火がついたことがありました。日本でも大流行し、入荷すれば即完売の状態となり、予約のためだけに、たくさんのお客様がお見えになりました。

ＬＶでは、カタログにある商品で、店頭の在庫が最後の一点になった場合、基本的に販売せずに〝見本〟として取っておく方法をとっていました。

カタログや雑誌の写真では感じることができない、本物の色や形、質感をお客様に確認していただいてから予約を受けたいという意味合いがあったと思います。

バケットはＧＭ（グランドモデル）もあります。ＰＭより大きく、Ａ４の書類が入るので、通勤バッグとして使うことができます。

同じバケットでも、ＰＭとＧＭで容量がかなり違うので、持ち比べると印象がまるで変わります。

最初はナオミ・キャンベルさんと同じＰＭを予約しようと来店されたお客様も、機能や用途などを考えて、最終的にＧＭを選ばれるケースが多くありました。

そこで私は、お客様がＰＭに心を決めていた場合でも、時間の許す限り、ＧＭはもちろん、ＧＭ以外のバッグもお見せしました。

「あの、もしよかったら、ほかの商品もご案内させていただいてもよろしいでしょうか？」

ほとんどのお客様は、商品の選択肢が広がることに喜びを感じます。

「あら、こっちのバッグのほうが、私の生活スタイルには合っているわ」

「思っていたよりサイズが小さいから、毎日使えるほうにするわ」

「実際に見ると、全然違うものね」

私はいつも「バッグもお洋服と同じです。せっかくなら、たくさんのモデルの中から、お客様にぴったりの商品を見つけるお手伝いをさせてください」と申し上げました。

お客様と一緒に、お客様にとってのたった一つを見つける。私には、このことが楽しくて仕方がありませんでした。

手間や時間を惜しまない心を持ち続けることで、お客様にとってのたった一つの商品にたどり着くことができるのです。


面倒と思わない。これが喜ばれる秘訣になる。

「高い商品でもお得」と思わせるサービス。

「ＬＶの商品は高い」というイメージは、実際に購入したことのないお客様にも浸透しています。たしかに、店構えからして高そうです。

しかし、リピーターになればなるほど、価格に対する印象が変わってくるのです。

リピーターのお客様からは、「何を放り込んでも壊れない丈夫なカバンなので、長く使えるからおトクだ」と言っていただくことがたくさんありました。

『ノエ』というタウン用のショルダーバッグがあります。もともとは、ワインを運ぶためにつくられた、頑丈なカバンです。

決して安くはないですが、女性のお客様は、普段使いのバッグとして購入されています。通勤時に、仕事で必要なノートパソコンやＡ４の書類が入って、型崩れしないのが魅力のようでした。

一度、ＬＶのバッグを使い始めると、不思議なことに他のバッグには変えられなくなるのです。機能的であるだけでなく、丈夫で、ほとんどトラブルがないのがその理由です。

私は、ＬＶが古くから「安心して運べるカバン」を目指してきた成果であると思っています。

ＬＶに限らず、すべての商品にいえることですが、お客様にとって「価格」は買い物の目安になります。「この商品で、この価格は高いな」と思われる場合と、「この商品でこの価格は安いな」と思われる場合があります。それをジャッジするのは、お客様です。

ただ、お客様に満足していただける商品であれば、お客様はちゃんと見抜いてくださいます。少々高価でも、結果的に効率のよい買い物をしたということになります。

お客様に「高いけど買ってよかった」と思っていただけるかどうかは、サービスで決まります。

最近、「プライスレス」という言葉がブームですが、**サービスこそプライスレスです。**

誰でも経験があると思いますが、商品を購入するときの販売員の対応で、1万円の商品が「５０００円」に感じたり、「2万円」に感じたりします。

親身になって販売員が対応してくれないと、「これ欲しかったけど、店員さんがイマイチで、買わなきゃよかったな〜」となるでしょう。

つまり、**お客様を喜ばせられれば、商品の価値は上がります。**そして、「あ〜、あの人が親切でよかったな。楽しく買い物ができた！」というように、お客様の〝いい思い出〟になります。

販売員は、お客様の楽しい思い出づくりをお手伝いすることも仕事なのです。

サービスによって商品に付加価値をつけよう。

「役に立ちたい」から、
お客様と一生の
お付き合いが始まります。

ＬＶをはじめ、さまざまなブランドが、「限定品」を販売しています。この限定品目当てに、発売日は多くのお客様が店舗に駆けつけます。

ＬＶは、２０００年のミレニアムを記念して、バッグや財布、キーケースなどの限定品を発売しました。これらの限定品は、クリスマス仕様のディスプレイも手伝って、実にまばゆいものでした。

限定品の手帳カバーを求めて、奥様とお嬢様という二人のお客様がお見えになりました。

奥様がご希望のピンク色の手帳カバーは、私のいた店舗にはもう在庫がなく、再入荷の見込みもほぼゼロ。「御品切れです」とお答えせざるを得ませんでした。

ただ万が一、再入荷があったときのため、お客様の連絡先を聞いておきました。

「どうしても、雑誌で見たあの手帳が欲しいのよね～」と言いながら、残念そうに帰られる奥様の姿が頭から離れず、いてもたってもいられなくなった私は、在庫のありそうな他の店舗に片っ端から電話をかけました。

「すみません。ピンクのミレニアムの手帳、在庫ありませんか？」

限定品は人気が高いので、データ上は他の店舗に在庫があってもお取り置きの可能性がありました。また、お客様の購入機会の公平を期するため、「店舗間移動」をあまり行なっていませんでした。

しかし運よく、他の店舗に一点だけあることが確認できました。

私はすぐにお客様に電話して、**「お待たせしてすみません、A店にありました。ご迷惑をおかけしますが、A店に1週間以内に来店していただけますか?」**とご案内しました。

奥様は大喜びで、私もホッとしました。これでご希望の手帳とともに、新年を迎えていただけます。

1週間後、その手帳を持って、奥様がお嬢様を連れて再びお見えになりました。

「あなたが探してくれたから購入することができました。ありがとう!」

奥様は、手帳用のボールペンやレフィルだけを購入するために、わざわざ私のいる店舗に来てくださったのです。

私は、「手帳と一緒にA店でご購入されたらご面倒をかけなかったのに……」と思いましたが、奥様が喜ばれている様子を拝見できて、幸せな気持ちになりました。

その次のご来店は、お嬢様だけでなく、旦那様も一緒でした。奥様が「先日、この方に親切にしてもらったって言ったでしょ」と、旦那様を紹介してくださいました。

そしてご家族で、買い物を楽しまれました。

それ以来、ご家族のプレゼントはLVで購入していただけるようになったのです。

余談ですが、私がLVを退職するとき、この奥様から大きなバラの花束と、「あなたについて行く！」というメッセージカードを頂戴しました。

一冊の手帳をきっかけに、一生のお付き合いが生まれたのです。


お客様の役に立ち、喜ばれるからこそ、続けられる。

第2章

「もう一度会いたくなる」販売員の習慣

あなたからお客様のファンになりましょう。

多くの販売員向けの接客サービス・マナーの本には、「お客様にファンになってもらえるスタッフになりましょう」「あなたのファン客をつくりましょう」と書かれています。

しかし、私は逆のことを唱えています。

それは、**「自分が一人でも多くのお客様のファンになる」**です。

人間は不思議なもので、「あの人、ちょっと苦手だな」と思ったら、たいてい相手も同じ気持ちになります。

つまり、「あの人、好きだな。興味あるな」と思ったら、相手も同じ気持ちになる場合が多いということ。この「好き」という気持ちを、接客でも利用するのです。

好きな人や大切な人には、誰でもやさしくなれますし、その人を「喜ばせたい」という気持ちになります。

具体的な方法としては、**お客様の良いところ、興味のあるところを見つけることです。**

たとえば、お客様が女性の場合、香水の匂い、お召しになっている服、口紅の色、しぐさ、声などに注目します。男性だったら、ネクタイ、時計、靴、声などです。

自分が好きと思えるような素敵なところを見つけたら、会話の中に次のひと言を添えましょう。

「そのネクタイ（身の回り品、しぐさ、香りなど）、とても素敵ですね！」


人は褒めると、その褒めた相手のことを好きになります。

とはいえ、中には態度が横柄だったり、言葉が乱暴だったりして、好きになれないお客様もいます。そんなとき、お客様の後ろに隠れている、〝機嫌が悪いストーリー〟を勝手に考えてみます。

「今日は、きっと熱があるのに、仕事がうまくいかなくて、会社のコピー機の電源コードに足を引っ掛けて、怪我した日なんだわ。きっと！」

「お客様の不機嫌は、たまたま」と思って気持ちを切り替えれば、横柄な態度や乱暴な言葉遣いも少々かわいらしく見えるものです。


それでも、どうしても相性の合わないお客様がいたら……。

私は「3人先を考える」ことをおすすめします。たとえば、こんなふうに考えます。

「この方は、とても態度が横柄で、私とはフィーリングが合わないけれど、この方のお知り合いに、私の憧れのブラピがいるかもしれない」

お客様との出会いは奇跡的。この広い地球で、この時間、この場所に居合わせたのは、何かのご縁です。

実際、私は最初「苦手だな～」と思ったお客様に果敢にチャレンジしたところ、その方が、憧れの俳優さん（ブラッド・ピットとはいいませんが）のご自宅での食事会に招いてくださったことがあります。

まさに、3人先にお宝の出会いが待っていたのです。

お客様を「好き」と思うだけで、すべての行動がサービスに変わる。

Survice
10

「また会いたい」と思うから
「また会える」のです。

ＬＶで、私は数え切れないほどのお客様と接してきましたが、その全員の方に「またお会いしたい」と思っていました。

〝引き寄せの力〟に通じることですが、私が「会いたい」と思っていると、お客様がふらっとお店に寄ってくれるという〝相思相愛〟がよく起きました。

本当にかなりの頻度で、「あのお客様、元気かしら？」と思った瞬間に、実際に目の前にお客様が現われるということがあったのです。

もちろん偶然かもしれませんが、私の経験上、**お客様のことを考えれば考えるほど、再来店の確率が高くなりました。**

そんなとき、私は**「あ〜、Ｂ様、いまちょうどＢ様のことを考えていたところだったんですよ！」**と素直に伝えることにしていました。

お客様に「え〜、そうなの！」と喜ばれたり、「またまた〜」とちゃかされたり……。さまざまな反応がありますが、なんとなく、ほんわかした雰囲気になるものでした。

そうしてから、お客様の何を考えていたのかを具体的に話すのです。


「先日の誕生日には、何か食事でもされたんですか？」

「ゴルフのときのお天気はいかがでしたか？」

「海釣りで、何か大物を釣られましたか？」

「ご購入いただいた旅行カバンの調子はいかがですか？」


つまり、前回の会話の続きをうかがうわけです。

ほとんどのお客様は「よく覚えていたね」と言ってくださいます。

そう言っていただけるのがうれしくて、お客様との会話はどんな小さなことでも覚えておくようになりました。


会話だけでなく、お客様がつけていた身の回り品も覚えておきます。

「前回、ご来店されたときにお召しだったスカート、素敵でしたよね～。どちらで購入されたんですか？」

前回の会話や身の回りのものをきちんと覚えておくことは、「お客様のことだけを考えています」というサインになります。

お客様に喜ばれると、またいろいろ覚えておこうと努力します。その結果、さらにお客様に喜ばれるという連鎖反応が生まれます。

「次にお会いするときは、これを話そう」とやりがいになりました。

このように、「また会いたくなる」は実現されていくのです。

お客様とまた会うときのために、準備しておこう。

ひと褒め、ひと笑い。

私がＬＶの販売員時代からいまに至るまで、ずっと実践しているのが**「ひと褒め、ひと笑い」**です。

これは、出会ったすべてのお客様に**「褒めること」と「笑ってもらうこと」をそれぞれ最低1回ずつ、実践しようというものです。**

その結果、初対面でも会話が盛り上がり、喜んでいただけることが多かったように思います。

まず、前述したように、お客様の好きなところを素直に褒めます。

ただし、慣れないと言葉遣いがぎこちなくなります。

そこで朝、開店前に「褒める練習」を行なうことをおすすめします。

スタッフ同士が、二人一組になり、お互いの素敵なところを最低5か所は見つけて褒め合うのです。

「大島さん、ネクタイ素敵ですね」「今日の口紅、きれいな色ですね」などの見た目から、「いつもお掃除が上手で助かっています」「いれてくれるお茶が最高に美味しくて癒されます」などの行動まで、何でもＯＫ。

最初は照れてしまって、褒めるのも、褒められるのも、躊躇《ちゅうちょ》します。それだけ、日常にない行動だったということを、練習で思い知ることでしょう。

さて、褒める練習をしたら、お客様にもどんどん実践してみましょう。

褒めて、会話が弾んだら、笑いを誘うような話をします。

笑ってもらうことは、褒めることよりもはるかにむずかしいのですが、これも実践することによってうまくなります。

たとえば、ＬＶで買い物をした後に銀座で食事予定のお客様がいらっしゃいました。

「まあ、素敵ですね！　銀座は、おいしくて高級なお店がたくさんある場所ですよね！さすが、お客様。うらやましいです。そんなところで、お食事できたらいいですよね～」と、まず褒めます。

「いや～、カジュアルなお寿司屋さんですよ」とお客様。

私はすかさず、**「ザギンでシースーですね！」**と言いました。

「あ、そうそう、ザギンでシースーだよ！」と、お客様は笑顔で返されました。

お客様から「お姉さん、おもしろいね〜」と言っていただけたら、心の中でガッツポーズ！　です。

褒めて、笑ってもらうことが自然にできるようになれば、お客様が再来店してくださったり、担当に指名してくださったりなど、自分にもよい結果をもたらします。

お客様を褒めて、笑ってもらうと、自分もハッピーになる。

Survice

12

「笑顔」がダメでも「元気」は出せる！

「笑顔」には、人を喜ばせる力があります。

そういう私には、自分の笑顔が好きになれず、「こんな笑顔では、サービスにならないのではないかしら？」と思っていた時期がありました。

笑顔こそどんなメイクより素晴らしい効果があるとわかっていても、大人になると、赤ちゃんのような自然な笑顔をつくるのはむずかしいものです。

そこで私は、アントニオ猪木さんの「元気があれば何でもできる！」ではありませんが、「笑顔に自信がないなら元気を使おう！」と考えました。

- 朝は元気よく「おはようございます！」と声をかける。
- おもしろいことがあったら、声を上げて笑う。
- 「かわいい！」「おいしい！」「きれい！」を大きな声で言う。
- 失敗しても「すみませ〜ん！」と明るく言う。
- 悲しくてもどんよりしない。
- 空元気でもいいから、元気を出す。

このような「元気」を、とにかくお客様にアピールしました。

元気にも、笑顔と同様に人を喜ばせる力があります。

つねに元気でいることは、出会ったすべての人に喜ばれました。


不動産営業の女性のお客様がいました。いつも忙しそうな方で、お疲れ気味です。たいてい重たいカバンを持ってお見えになります。

私は、そのお客様を発見したら、**「お疲れ様です！　カバンを持たせてください！」**とまずはいたわりの気持ちを示すようにしていました。

このとき、私が暗い表情だと、お客様は申し訳ない気持ちになってしまうので、ちょっと大きな声で、ジェスチャー付きで行なうのがポイントです。


「私、元気だけが取り柄なんです。だから、持たせてください！」

「丈夫な体は母譲りなんです。だから、何でもおっしゃってください！」


このように元気を出して言うと、「ありがとう、疲れも飛びました！」という言葉が返ってきます。

自分の元気は、誰かを元気にする効果があります。

「元気だけもらいに来てください」と言うのも、立派なサービスとなるのです。

元気でいることは、最上級のおもてなし。

Survice
13

身だしなみはおもてなし。

ＬＶでは制服を着て接客するのですが、洗練されたユニフォームに身を包み、かかとの高いパンプスを履いて、背筋を伸ばして歩く様子から、「販売員というより、ファッションショーのモデルだね」と、お客様に褒めていただくことがありました。

当時のＬＶの制服は、パンツスーツ、スカートスーツ、ワンピースなど、何パターンもありました。毎日、自分なりにコーディネートし、エレガントに着こなすことが求められます。

「キレイ」はサービスの基本です。

いつもキレイでいることは、ＬＶに限らず、販売員にとって大切な仕事です。キレイな販売員は、お客様に「快適さ」を提供することができます。

①**髪型**（寝癖はＮＧ。髪を明るく染めすぎないように）
②**メイクアップ**（ナチュラルメイクが基本。明るいピンク系の口紅。まつ毛エクステは付けすぎない）
③**手指**（デコラティブなマニュキュアは不快）

④靴（歩きづらい靴は姿勢を歪める）
⑤立ち姿（猫背にならないように気をつける）

その他、私のキレイのポイントとして、「小物の使い方」があります。
スカーフは自分の顔の形に合った結び方をして、ネックレスや時計などは華美ではない上品なものをさりげなく身につけます。

そして、仕事中はバックヤードに大きな鏡を置いて、たびたび自分の姿（全身）をチェックします。
もちろん、髪型やメイクが乱れていたら、すぐに直します。

「安心」はキレイの大敵です。

基本的なことですが、制服のあるなしに関係なく、服装や身だしなみに無頓着にならないように気をつけます。
シワやシミがないかどうか。シワやシミをつくらないように、普段から正しい姿勢を心がけるようになり、食事の際の食べこぼしなどもなくなります。

キレイを意識すれば、おのずと話し方、言葉遣い、立ち居振る舞いまでトータルにコーディネートすることになります。

仕事中もおしゃれに気を抜かずに過ごそう。

Survice

14

お客様に会ったら、手を振りましょう。

少し前になりますが、『ナースのお仕事』というＴＶドラマがありました。観月ありささん演じる、ドジでそそっかしい新米ナースの一生懸命な姿を描いたコメディです。

私はこのドラマを観て、失敗ばかりしていても、元気で前向きな新米ナースの奮闘ぶりに、笑ったり、感動したりすると同時に、多くのことを学び、考えさせられました。

ＬＶの販売職というと、「お高くとまっている」と思われがちですが、私はこの新米ナースのような「三枚目キャラ」を日々の接客に取り入れていました。

三枚目キャラと聞くと、むずかしく感じるかもしれませんが、簡単にいえば、「明るいムードメーカー」です。

販売員にとって、「明るさ」は重要なポイントです。前述の「元気」にも通じることですが、**人は明るいところに集まるものだからです。**

皆さんは、朝の通勤電車や歩いているとき、店頭に誰もいないときなど、仏頂面になっていることがありませんか？

そうすると、怖い人、近寄りがたい人に見られてしまう場合があります。
そこで次のような方法で、外見から内面を明るくするように努力しましょう。

- 事務作業中も、軽く口角を上げる。
- 女性なら、明るい口紅をつける。
- 男性なら、明るいシャツやネクタイを身につける。
- つねに自分の表情を気にする。
- バックヤードに大きな鏡を置いて、たびたび自分の姿（全身）をチェックする。
- 自宅の玄関に姿見を置く。
- 1日1回は必ず外に出る。
- 楽しいことを考える。

たとえば私は、お客様が久しぶりに来店されたら、遠くからでも大きく手を振ることにしていました。

心の中で「会えてうれしいで～す！」と叫びながら、です。

ときには走って駆け寄って、「わ〜、お会いしたかったです！」とも言います。

こうすると、不思議とお客様に喜んでいただけます。

逆にいうと、暗い話は一切しないこと。どんなときでも明るさを失わずにキープしていきましょう。


人は誰でも明るいところが好き。「明るさ」はチャンスを引き寄せる！

Survice
15

「銀座で飲むより安くて楽しい」お客様からもらった思い出のひと言。

さんです。

N様という男性のお客様がいました。1か月に3～4回はお見えになるリピーター

N様は、しばしば私たちスタッフに差し入れを持って来てくださいました。女性ウケするケーキやアイスクリームなどのスイーツです。

私たちは、「うれしいです！　ありがとうございます！」と、大きな声でお礼を言います。若いスタッフからベテランまで、「N様が来店されると、私たち、美味しいものが食べられて幸せです！」と素直に感謝しました。

そうすると、N様は次のご来店時にまた差し入れを持ってこられます。もちろん毎回、差し入れだけでなく、ご家族のプレゼント用などに、何かしらの商品まで購入していただきました。本当にありがたいお客様でした。

えたところ、こんな返事が返ってきました。

あるとき、私は「本当にいつも親切にしてくださって、うれしいです」とN様に伝

「私も、みんなが素直に喜んでくれるから、うれしいです。癒されます。失礼なたと

えかもしれないが、飲み屋のママさんは、感情に裏表がある場合が多くて癒されない。ここでは、誰にプレゼントしても喜ばれる商品を買えるので、買い物も楽しいです」

つまり、私たちの偽りのない感情は、N様にとっては仕事の疲れを癒す〝清涼剤〟だったのです。

N様が冗談めかして、「ここは、銀座で飲むより安くて楽しい」と言ってくださったことは、いまも忘れられない思い出です。

感情を豊かに表現できる人は、販売員に向いていると思います。それだけで、お客様を喜ばせることができるからです。感情の表現方法は簡単です。

「いま、すごく楽しい」
「このケーキおいしい！　何が入っているんでしょう⁉」
「会えてうれしい」
「かわいい～」

「感動しました！」
「こんな美味しいもの初めてです」
「きれい～」
「びっくりした～」

このように、自分の気持ちを素直に言葉にすればいいだけです。このとき、ちょっと大げさに身振り手振り（ジェスチャー）を付けてもいいと思います。

声高らかに笑う人、喜ぶ人には、誰でもまた会いたくなります。自分の思いをストレートに伝えるほど、お客様とのいい出会いがたくさんあります。

感情を豊かに表現することは、ホスピタリティの原点。

Survice
16

「やさしい」と忙しくなり、
「忙しい」と声がかかります。

どこのお店にも必ず、お客様から不思議とよく声をかけられる販売員がいます。

私の後輩のMさんがそうでした。彼女は美人というより、かわいい感じで、そそっかしいところもありましたが、とにかく親切でやさしいのです。

誰かがゴミを運んでいるのを見ると、すぐに「あ〜、自分がやりま〜す！」と駆け寄ってきて、片付けるのを手伝います。

在庫を補充しているスタッフがいれば、迷わずバックヤードに突進です。

そんなMさんですから、つねに店内を忙しく走り回っています。

あるときは、Mさんが屈んで一番下の棚から商品を取ろうとしていたところ、お客様がカウンター越しに彼女の頭上から「すみません〜」とわざわざ声をかけられたこともありました。近くに手の空いているスタッフがいたにもかかわらず、です。

なぜ、こうしたことが起こるかというと、Mさんが忙しそうだからです。

Mさんは、親切でやさしい性格ゆえに、店頭で黙って立って待っていることがありません。柔らかな表情で、どんなときもやさしく微笑んでいました。

販売員の場合、忙しい人ほど人気が集まる傾向があります。最初にお客様がMさんに声をかけると、他のお客様も**「この人は声をかけてもいいスタッフ」**という認識を持つので、お客様がリレーのように後に続いて途切れないのです。

逆に、お客様にとって暇そうに見えるスタッフは、人気がないスタッフだと思われてしまいます。

エレガントな制服に身を包み、パタパタとパンプスを鳴らしてフロアを駆け回るMさんの姿は、一生懸命で好感が持てました。

「忙しさ」と「やさしさ」を併せ持つMさんのような人が、お客様から人気を集めるのです。

素朴さ、一生懸命さこそ、〝売上ナンバー1〟の資質である。

〝言葉力〟を向上させる「大河ドラマ」と「ペン習字」。

販売員なら、「敬語」をきちんと話せるように努力していると思います。

美しい「言葉」は、美しい人をつくります。

たとえば、映画『マイ・フェアレディ』では、主演のオードリー・ヘップバーンが、言葉遣いをなおすことによって貴婦人に変身しました。

また、販売員は人前で字を書く機会が多くありますが、その「文字」からも、人となりがわかってしまいます。


お客様は、販売員の話す言葉、書く文字が美しいかどうかを見て、「この人に安心してお願いできるか」をジャッジしています。

丁寧で上品な言葉遣いで、美しい文字も書ければ、**「この人は、幼いころからきちんとした教育を受けてきたんだな」**という印象をお客様に与えることができ、信頼されやすくなります。


私は、日頃のトレーニングとして、**「NHKの大河ドラマを観る」「ペン習字を練習する」**という2つの方法を実践していました。

ＮＨＫ大河ドラマには、古風で上品な言葉遣いがたくさん出てきます。お姫様、お殿様が主人公であることが多いので、美しい言葉が使われるのです。

もちろん時代劇ですから、その言葉遣いを現代の接客にそのまま活用することはできません。

ただ、「昔はこんなにきれいな言葉を使っていたんだな。いまの言葉の乱れを改めないといけないな」と意識するだけで、〝言葉力〟が向上する効果があります。

ペン習字の練習は、自分で簡単なテキストを購入し、曜日と時間を決めて、コツコツと見本のとおりなぞるだけです。

ひらがなを練習するなんて、小学生以来だと思いますが、書き順や「とめ、はね、はらい」を改めて学び直すと、自然といつものメモですら美しく書こうとするようになります。

言葉と文字は、毎日少しずつ継続してトレーニングすることで、大きな効果が期待できます。

簡単な努力で身につけられるので、ぜひ取り組んでみてください。

言葉や文字は、身体から発する「美しさ」の一部となる。

Survice

18

電話口は少し大げさに。
その前に早く出る！

電話は、姿が見えない分、「声」で勝負です。

私は、かかってきた電話には、「わ〜、お元気ですか!?」など、「もしもし」ではない言葉で出ることにしています。

いまは、携帯電話でも固定電話でも、電話番号の登録ができます。この機能を利用すれば、電話に出る前に、相手が誰なのかがわかりますから、その人によって、第一声を変えることもできるのです。

たとえば、次のように変化をさせるのはいかがでしょうか?

①大事なお客様

「お電話ありがとうございます!」

②厳格な取引先

「はい! 櫻澤でございます!」

③冗談好きな取引先

「あら〜、久しぶりじゃないですか!!」

④大切な先輩
「ご丁寧にすみません！」
⑤仲良しの友人
「は～い！　どうしたの？」

このように、最適な言葉を選んで「この電話を待っていました！」という雰囲気をつくるのです。

このとき、ジェスチャーを付けてしまうくらい、少々大げさに、ほがらかに話すことをおすすめします。必ず、相手にもこちらのテンションの高さが伝わります。

もし、座って電話できる状況なら、目の前に鏡を置いて、自分の笑顔をチェックしながら話すのもいいでしょう。笑顔の練習になるだけでなく、きちんと笑顔で話していることが、実際に伝わります。

また、忘れてはいけないのが、かかってきた電話にはすぐに出る、万が一出られなくてもすぐに折り返すということです。

忙しい人ほど、急いで返事が欲しいものです。

1日待たせると「1日待たせる人」、1時間待たせると「1時間待たせる人」というように、相手にランク付けされてしまいます。

販売員は、「待たせない人」でなければいけません。

相手を喜ばせる電話応対をマスターしよう。

Survice

19

趣味も
実力のうちです。

販売員として、お客様をおもてなしする際、メイクアップや立ち居振る舞い、言葉遣いなど、身につけておいたほうがいい知識はたくさんあります。

その中の一つに**「趣味」**というものも含まれます。

LVには、多趣味のお客様がたくさんお見えになりました。

高級ブランド店でなくても、販売員はいろいろなお客様の気持ちに近づくため、趣味が何もないよりは少しでもあったほうがいいと思います。

無趣味では、お客様の話している意味がわからない場合もあり、会話も弾まなくなってしまうからです。

趣味として、**万人に喜ばれる話題づくりになるのが「旅行」と「グルメ」**です。

接客サービス業に役立つ趣味（例）

茶道	華道	書道	ダンス
楽器	音楽	読書	絵画
陶芸	テニス	ゴルフ	スキー
乗馬	自転車	旅行	グルメ

また、「音楽」は、VIPのお客様になるほどお好きな方が多い傾向があります。私は、子どものときからピアノが好きで、ラッキーなことにクラシック音楽は身近な存在でした。

ピアノの経験、クラシック鑑賞などの話で、お客様と盛り上がる機会がよくありました。

たとえば、お客様のお子様が今度のピアノの発表会で、何の曲を弾くのかをうかがった場合は、**「あ〜、あの曲、懐かしいです。でも、ご年齢にしてはむずかしいですよね！きっと才能おありなんですよ！　発表会、楽しみですね！」**と会話を膨らませることができたのです。

どんな趣味でも一度体験すると、習得にあたってむずかしいポイントなどがわかるので、その趣味を持つお客様との会話の材料になります。

「体験レッスン」でもいいので、一度は試してみましょう。

とくに「乗馬」や「陶芸」は、一度も体験していなかったときより100倍会話が弾みます。

「チャレンジしたんですけど、私にはむずかしくて……お客様、お上手なんですか?」

「百聞は一見にしかず」です。お客様を喜ばせるため、あらゆる体験レッスンに参加することも、サービスの一環なのです。

仕事以外のことにも視野を広げると、結果として仕事に返ってくる。

第3章

接客は「はじめまして」が一番肝心

Survice

20

「はじめまして」は控えめに。

すべての接客サービス業は「はじめまして」（ファーストコンタクト）から始まります。販売員は、毎日が「はじめまして」の連続です。

しかし、お客様を待ちながら、じっと一点を見つめて立っている販売員は、初めてのお客様に「入りにくいお店」という印象を与えてしまいます。

ファーストコンタクトのポイントは、お客様の存在に、たまたま気づいたフリをすることです。多少演技じみているものの、この方法でお客様も私たちも〝緊張〟から解放されます。具体的には次のように、**必ず「何かしながら」待つことです。**

- **陳列棚の商品を整えるフリをする。**
- **伝票を記入するフリをする。**
- **カタログを見て、調べ物をしているフリをする。**

「とても忙しい」ではなく、「ちょっと忙しい」というフリをすると、お客様は安心します。「私にすぐ近づいてきて、売りつけようとしないだろう」と思えるからです。

お客様にお声がけするタイミングは、お目当ての商品がどこにあるか、探している様子がうかがえた瞬間が望ましいでしょう。お客様が商品を探していなくても、入店後5分ほど経っていれば、お声がけまでの十分な待ち時間になります。

このとき、気をつけないといけないのが「買ってもらいたい!」という気持ちは捨てること。とにかく、話すきっかけをつかむことです。

「あ、あの、もしよろしかったら、私に、お手伝いできることは、ありますでしょうか?」

このように、たどたどしく切り出すほうが、お客様はびっくりしません。

初めてのお客様が嫌うのは、積極的な接客です。**控えめな接客は、お客様を喜ばせる第一歩になります。**

「はじめまして」が上手にできれば、必ず何かが生まれる。

Survice

21

お客様に恥ずかしい思いをさせてはいけません。

日本人の多くは〝恥ずかしがり屋〟です。販売員として、恥ずかしがり屋のお客様を喜ばせることは、やりがいがあります。

シャイなお客様には「恥ずかしがらせない」というのが大きなサービスとなることを知っておきましょう。

女性に比べて男性はシャイで、サービスを受けるのが苦手な傾向があります。

たとえば、男性のお客様が、奥様や彼女様にプレゼントをリクエストされて、ちょっと困った顔をして一人でお見えになる場合があります。

この場合、なんとしても恥ずかしい思いをさせてはいけないので、細心の注意を払います。

前項のように、何かしながらお客様を観察して、お声がけのタイミングをはかります。早いタイミングでお声がけするのも、逆に、お声をかけていただくのをじっと待つのも、お客様にプレッシャーを与えてしまいます。

シャイなお客様には、**「呼ばなくても気づいてくれる」**が喜ばれます。

「すみません～」とお客様に言わせてしまうのはサービス不足です。

大切なのは、お客様に**「気がついているけれど、どうぞ自由にお過ごしください」**という雰囲気を醸《かも》し出すということ。少々訓練が必要ですが、こういう待機の仕方がベストです。

そして、お客様が「声をかけてほしい」と思い始めたタイミングを見計って、先にこちらから自然なお声がけをすれば、シャイなお客様にもきっと喜んでいただけるサービスができます。

販売員にとって、**接客は「エンターテインメント」**です。お客様に買い物の時間を楽しく過ごしていただくことが、サービスの出発点です。

ちなみに、高級ブランド店に慣れていないお客様がお見えになれば、まず、「カジュアルな接客」でおもてなしします。

そして、お客様と徐々に打ち解けてくれば、次のようにおどけてみせます。

「そうだ、お客様！　実は格式高い接客もできるんですよ。もしよかったら、最高に**格式高い接客での対応も可能です！**　もし、高級店の感じがよろしかったら、リクエストしてください！　白い手袋を取ってきますので！　カジュアルな接客か、格式高い接客か、お客様のお望みどおりにいたします」

お客様のご来店の勇気にまず一票。そのために、楽しい時間を過ごしていただく努力は惜しみません。

〝恥ずかしがり屋〟に喜ばれると、うれしいし、やりがいがある。

観察するだけで、
お客様の心の声が
聴こえてきます。

私はLVの販売員時代に、スタッフ（同僚）から「どうして、いまのお客様が、財布が欲しいってわかったの？」とよく驚かれました。

お客様が何も言わないうちから、「何を求めてお見えになったか」が、私には想像できました。一見、不思議に感じるかもしれませんが、**「観察」を怠らなければ、お客様のご要望は自然とわかるものなのです。**

いったい、お客様のどこをどう観察すればいいのかを、ここで紹介しましょう。

・服装

ご来店時、最初に目に入るのが服装です。服装からさまざまな仮説が立てられます。男性でも女性でも、スーツの場合、仕事中か仕事前後のご来店と予想できます。フォーマルなら冠婚葬祭の前後、インフォーマルなら食事会やパーティへの出席の前後と考えられるでしょう。

また、カジュアルならお店の近所（都心）に住んでいるかもしれません。

その他、夏に日傘を持っていれば徒歩でのご来店、冬にコートを着ていなければ車でのご来店と予想できるのです。

男性で、スーツの場合、白いシャツに地味なネクタイなら安定した堅めの仕事、カラフルなシャツやネクタイならクリエイティブ系の仕事に就いているなど。女性で、肌の露出の多い派手な服装の場合、お酒を出す飲食店に勤めていると考えられます。

・髪型

男性で、清潔感のある短髪なら一般的な民間企業に勤めている、長髪か染髪ならデザイン系の仕事に就いているなど。長髪でも、きっちり整えていればおしゃれな方、無造作に整えていれば細かいことを気にしない方……。

女性で、ショートなら活発な方、ロングなら髪の毛を大事にしている方、巻き髪にしていれば頻繁に美容院に通っているといったように、服装と同様、ライフスタイルが垣間見えます。

・腕時計・宝飾品

お客様が至近距離まで近づいてきたら、腕時計や宝飾品を見ます。

まず、オメガ、ロレックスなら時計が好きな方、カルティエやティファニー、ブル

お客様の観察ポイント（例）

靴	黒革シューズ（男性）	堅めの仕事
	茶革シューズ（男性）	ファッション関係など
	サンダル（男性）	休日
	ブーツ（男性）	靴好き
	ハイヒール（女性）	仕事中か、パーティに行く可能性が高い
	パンプス（女性）	普段着でパンプスは、スタイル（身長など）を気にしていることが多い
	フラットシューズ(女性)	楽なファッションが好き、車でのご来店など
	サンダル（女性）	素足でサンダルは、学生・自営業など
	スニーカー（女性）	外反母趾で痛めているかもしれない
	冬のブーツ（女性）	寒いのが苦手（靴箱が大変そう）
カバン	書類カバン	仕事中（仕事用のカバンを探している場合が多い）
	ショルダーバッグ	休日、両手を使いたい
	リュック	荷物が多い（もしかしたら旅行中）
	クラッチバッグ	パーティや食事会の前後
	小さめのカバン	ＯＬさん
	財布と携帯電話のみ	昼休み中
	カバンの中身	整理整頓していれば几帳面、きれい好き
ハンカチ	ネーム入り	こだわり派
	ブランド物	ブランド信仰
	手づくり	まめな方
	大判ハンカチ	実用重視
	ミニハンカチ	おしゃれ重視
身につけている色	暖色系	暖かいイメージ（太陽・花・紅葉など）
	寒色系	冷たいイメージ（海・山・草原など）
	赤	情熱的
	紫・オレンジ	個性的
	黄色	目立つことが好き

ガリならファッション（ブランド）が好きな方、ショパール、ピアジェなら時計も宝石も好きな方など。

男性で、防水タイプの腕時計をしていればマリンスポーツが好きな方、女性で、大きいサイズ（メンズなど）の腕時計をしていればキャリアウーマン……。

また、結婚指輪で既婚か未婚かがわかります。ほかに、大振りの目立つリングなら悩み事の少ない方、細くて華奢《きゃしゃ》なリングならやさしくてナチュラルな思考の方など。

腕時計も宝飾品もつけていなければ、金属アレルギーを持っているかもしれません。

ほかにも観察したいポイントは右表のとおりです。これらは、お客様がお見えになって、簡単に目に入るものです。

「見た目」を見れば、おのずと「中身」も見えてくる。

Survice

23

観察してから、声をかけましょう。

この項では、お客様がお見えになってから、会話が始まるまでに観察したいポイントを紹介します。

- 店内を1分以上うろうろ……商品に興味がある。
- 店内を3分以上うろうろ……目当ての商品を探している。
- 店内を5分以上うろうろ……買い物（もしくは下見）に来ている。

まず、お客様の滞在時間が長いのは、「誰かとの待ち合わせまでの時間つぶし」も考えられますが、通常は長ければ長いほど「商品をご覧になりたいサイン」です。

次に、お客様の視線の先を探せば、どんな商品を求めているか、だいたい見当がつきます。ＬＶの場合は……。

- 小物の棚……財布、小銭入れ、キーケース、手帳カバー、ペンなど。
- スタッフ背面のバッグの棚……旅行カバン、バッグ、書類ケースなど。
- ショーケース……新作、限定品。

・洋服のフロア……スーツ、スカート、ワンピース、スカーフ、マフラー、手袋など。
・靴のフロア……シューズ、サンダル、靴下など。

実際、お客様が商品を触っているか、カタログを見ていれば、買い物に来られた可能性が高いので、お声がけしたほうがいいでしょう。

前項や左表の観察ポイントも参考にしながら、アプローチしてみましょう。

もちろん、「商品に興味があるだけ」「販売員と話したいだけ」という場合もあります。その見分け方は次のとおり。

・商品に興味があるだけ

商品についてのマニアックな知識にもかかわらず、お客様が「知っているよ」と答えたら〝商品オタク〟かもしれません。「お客様、さすがです！」と褒めるのもサービスです。

お客様を観察してわかること（例）

男性で、眉を手入れしている	おしゃれ、鏡をよく見る
女性で、メイクしていない（すっぴん）	孤独、仕事に生きている、漫画・アニメ好き
髪を触る	自分のことが気になる
まばたきの回数が多い	落ち着きがない
カタログのページを頻繁にめくる	緊張している
商品を頻繁にさわる	優柔不断、購入しようか悩んでいる
早口で話す	せっかち、急いでいる（悩み事は多いほう）
のんびり話す	気持ちにゆとりがある（悩み事は少ないほう）
小さい字を書く	几帳面な性格
大きい字を書く	おおらか（大雑把）な性格
携帯電話は、店内でもすぐに出る（声も大きい）	自己顕示欲が強い
携帯電話は、店外に出た後（用件のみひっそりと話す）	常識人（またはマナーをよく見せたい）

具体例 ❶

ダークスーツにブルーのシャツ、赤紫のネクタイ、タグホイヤーの腕時計、茶革の靴。Ａ４の書類カバンを持っている。店内を３分以上うろうろ。視線をベルトの棚に向けている。

予想：おしゃれな方。ファッション・アパレル関係の仕事に就いている。腕時計からスポーツマン、男性的なモノが好き。

おすすめ：シックな革のベルト。バックルはシルバーでもゴールドでも可。少し華やかなデザインがよい。３センチ幅の、型押しした、黒かダークグリーンのものをお見せする。

具体例 ❷

セーターにジーンズ、ロングヘアーを無造作に束ねている。腕時計はエルメス、靴はフラットシューズ。ナチュラル素材のキャンバスバッグ、車のキーを持っている。視線の先はスカーフやマフラー類。お見えになってすぐ、実際に商品を手に取って見ている。

予想：女性らしい方。カジュアルでも、高級感ある素材を好む。車でのご来店。自分用もしくはプレゼント用を探している。

おすすめ：ベージュやオレンジなどの暖色系のスカーフやマフラーを数種類お見せする。シルクやカシミアなどの柔らかな素材を選ぶ。

・販売員と話したいだけ

お客様が一言目に、自分のこと（仕事や家族、次の休暇など）を話し出したら、ただ単に雑談（世間話）したいだけと考えていいでしょう。話す内容はなんでもいいですが、長く話しましょう。きっと喜ばれます。これもサービスの一環です。

最後に、観察をもとにどうやってサービスに結びつけるか、具体例を右図に示しました。

このように、お客様の姿・様子を観察すれば、１００％とまではいきませんが、「お客様が何をしてほしいのか」「何をすれば喜んでいただけるのか」がわかるようになります。

観察したら、予想を立てて、行動に移そう。

Survice
24

「何かお探しですか?」と聞いてはいけません。

初めてのお客様が来店されたら、「いらっしゃいませ。何かお探しですか?」とすぐにお声がけせず、前述のように「観察」しながら静かに待ちましょう。

お客様へのアプローチは、**「あの～、よろしければ……」くらいのお声がけで十分です。**

もし、お客様の中でお目当ての商品が決まっているなら、「これを探しているんだけど……」と写真や品番などを渡してくれたり、身振り手振りで教えてくれたりすると思います。

そうしたらゆっくりとあいづちを打ち、接客テーブルやショーケースの前など、お客様が座れたり、寄りかかれたりする場所に誘導します。他のお客様の目につきにくい場所であると、なおよいでしょう。

一番に、お客様のことを思いやる気持ちが必要です。店内の真ん中ではお客様を緊張させてしまいます。

おそらく彼女様にプレゼントするため、雑誌の切り抜きを片手に商品を探して店内を不安げに歩かれている男性のお客様がいました。

私は「お助けしなければ！」と思い、そろそろと近づいていきました。

「あの～、もしよろしかったら、私、いま手が空いておりまして、お役に立てないかと思いまして……あの、でも、ご不用でしたら、大丈夫なんですけど……」

少々、わけのわからない言い方ですが、恩着せがましくならないように「たまたま手が空いている」ことを強調しつつ、わざとたどたどしい口調で、まずはお客様の緊張をほぐしました。

「何かお探しですか？」とはっきりうかがってしまうと、「いえ、大丈夫です（探してもらわなくて結構です）」と気分を害されるお客様がいるかもしれないからです。

そのお客様は、「あの、えっと……僕は、こういう店で買い物をするのは初めてで、どうしても彼女が誕生日に欲しいと言うもので……」と答えられました。

ちょうど店内の真ん中だったので、私は「あ、では、お手伝いいたします。私も、自分の店舗以外は、こういうお店に入りにくいですよ……」と言いつつ、お客様に雑誌の切り抜きを見せていただきました。

そして、お目当ての商品が財布であるとわかるやいなや、急いで「こちらにあるので、どうぞ、どうぞ！」と、財布の置いてある棚までご案内しました。
「あの、ご所望の商品はこちらになります！　品番も色も合っていますから、これで間違いないと思います！」

私は、お包み、お会計をすみやかに行ない、出口までやはり急いでご案内しました。最後に商品をお渡しして、「本当にありがとうございました」とお礼を言うと、お客様は喜んでお帰りになりました。

初めてのお客様は、その売り場に居心地の悪さを感じることがあります。そんなときは「目立たず、スピーディな接客」が喜ばれます。

「緊張しない雰囲気」をさりげなくつくれば、安心感を提供できる。

走れ、走れ、小走りで。

お客様にとって、お店でお会計を待つ時間は長く、商品を選ぶ時間は短く感じるものです。

どれを購入しようか真剣に悩んで考えているときは、「アッ」という間に時間が経つのですが、いざ商品が決まると時間の流れの感覚が通常に戻ってしまいます。

販売員にとっては、お客様が商品を選んだ瞬間から〝時間との戦い〟が始まります。せっかくの買い物が台無しになりかねないのは、最後のお会計です。ここでお待たせしてしまっては、素敵な思い出になりません。

お客様が商品を決めたら、とにかく1秒でも早く商品をお渡しして、お見送りできる状態に入る必要があります。

私は、お客様に「待ち時間、長いな〜」と一瞬たりとも感じていただきたくないので、お包み、お会計は大急ぎで行なうようにしていました。

よく使っていた方法は、**すべての動作を「小走り」で行なうことです。**

バックヤードに在庫を取りに行くときも、もちろん小走り。

私は、大きなハードトランクでも肩に担いで小走りしていたので、お客様に「飛脚のようだ」と言われたことがあります。これは、笑っていただいたうえに、お待たせもせずにすんだエピソードです。

小走りで、急ぐ様子を表現しましょう。バタバタするのはエレガントではありませんが、「頑張って急いでいます」という姿勢は、お客様に受け入れられます。

走るときは「お客様のところに早く行きたい」という気持ちで。

Survice
26

接客は、一人「1時間」でも足りません。

接客の場面では、お客様からたっぷりとお話をうかがうことをおすすめします。お客様と同じ時間を過ごせば過ごすほど、会話が膨らみますし、次回のご来店時に〝サプライズ〟を仕込めるようになるからです。

たとえば、女性のお客様の香りを覚えておき、自分も同じ香水をつけるようにすれば、お客様は驚くはずです。「あの香り、忘れられませんでした」という言葉を添えると、お客様に微笑んでいただけるでしょう。


私は、お客様がお急ぎでない限り、2時間くらい話していました。最初の30分はお客様のPRタイム、次の30分はLVのPRタイム、その次の30分は購入タイム、最後の30分は雑談です。

最も大事な時間は、**「お客様の自己PRタイム」**です。主に次のような情報をうかがいます。

- **購入したい商品**

- どうやってお店に来たか（車か電車か、そのルートなど）
- どこに住んでいるのか
- 趣味は何か
- 家族構成（可能な場合）

これらの情報は、お客様の帰った後、忘れないように「ノート」に書いておきます（第5章参照）。

「2時間以上」は多くて、「1時間以内」は足りない。ちょうど映画を一本観終わるくらいの時間が、お客様の満足度も高いと思います。

会話の内容も大切ですが、お客様のすべてに興味を持つことが何よりも大切です。服装、髪型、腕時計、靴、カバン、香り、何もかもです。

ファッションや持ち物にも、お客様の好みが隠されています。

たとえば、お客様が赤い洋服を着ていたとします。「お客様は赤がお好き」と想像できるので、すかさず「きれいな赤いお洋服ですね！　お肌に映えて素敵です！」と会話の糸口を見つけ出します。

お客様によって反応はそれぞれです。「あら、そう。ありがとう」と喜ばれる方もいれば、「きょうはたまたま赤なんだよ」とそっけない方もいますが、この反応によって、結果として「お客様を知る」ことができるのです。

お客様を観察する2時間は、リピーターを生み出す大切な時間ということです。

時間をかけて、お客様のことを知り、次回ご来店時のサプライズを考えよう。

Survice
27

ご縁は「商品説明」から
ではなく、
「雑談」から生まれます。

毎日、接客していると、必ず心に残るお客様が現われます。

そんなお客様とのご縁は、「商品説明」よりも「雑談」から生まれることが多いのです。

私は雑談を大いに利用しました。具体的には、雑談の中で、お客様との共通点を見つけるのです。

- 出身地
- 出身校
- いままで住んだことのある場所
- 趣味（映画、読書など）
- 好きな有名人
- 好きな場所
- 好きな食べ物
- 旅行に行ったことがある場所

以上が、お客様に喜んでいただけることが多い共通点です。
雑談で共通点を探し、話しやすい雰囲気づくりができたら、あいづちを打ちながら、熱心にお客様のお話をうかがいます。

会話の主導権はあくまでお客様にあります。自分のことばかり話すのはタブーです。販売員は、お客様が買い物を楽しみ、喜ばれるのをお手伝いする立場なので、お客様から話を振ってきてくれることは「チャンス」なのです。

決して、お客様の話の腰を折るようなことはしないように心がけましょう。

ある夏の日、これから野球観戦に行くとおぼしきお客様がLVにお見えになりました。

初めてのお客様でしたが、持っていた紙袋から阪神タイガースのメガホンが見えたので、「これは、野球がお好きに違いない」と思いました。

「すみません、もしかして阪神を応援していらっしゃるのですか？」

「え～、よくわかったね～～」

「メガホンが見えたものですから……すみません、差し出がましくて……」

「そんなことないよ。あなたも野球に興味があるの？」

私は**「もちろん、興味あります！　ことしの阪神はいかがですか？」**とうかがいました。

お客様は球場に応援に行くほどのファンなので、話は止まりません。

「実は、私の別荘が熊本にあるんだけど、オフシーズンの自主トレのときは阪神のCさんに貸しているんですよ！」とお客様。

「へぇ〜、熊本！　私、修学旅行で行きました！」と私。

「君、どこの出身？」

「私、長崎生まれなんです」

「僕は佐賀だよ！　お隣ですね」

うれしい偶然もあり、これで、お客様との共通点が二つになりました。

「趣味」と「出身地」で、いつの間にか自然に打ち解けてしまいます。

そしてお客様は、もともと予定のなかったお母様へのプレゼントを購入されました。

その後、お客様はリピーターになってくださいました。次のご来店時は、私に「巨人vs阪神」のチケットをプレゼントしてくれたのです。

雑談ができれば、おもてなしのプロに近づける。

Survice
28

「もっと話を
聞かせてください」
それがサービスに
つながります。

もう少し、私が実践していた「お客様のことを知る」具体例を紹介します。

旅行カバンを購入されるお客様によくある質問が、「このサイズは、機内への持ち込みができますか？　このサイズで、何泊分の荷物が入れられますか？」などです。販売員として、この質問に「国際線にはお持ち込みいただけます。3泊くらいなら十分に対応できます」などと的確に答えるのも大切ですが、ここで会話が終わってしまえば、お客様を知る機会を逃してしまいます。

そこで、お客様と一緒にカバンのサイズ（容量）を確認する際など、**「お差し支えなければ、どちらにご旅行に行かれるのですか？」**とさりげなく聞いておきます。

質問の際の注意点は、**「やや申しわけなさそうに聞く」**ことです。

お客様によっては、「なんでそんなことまで話さないといけないの？」と思われる方もいるので、あくまで失礼のないように聞かなければいけません。

お客様が「今度のお休みに軽井沢に行くのよ」と答えられたら、チャンス到来です。

「え～、素敵ですね。うらやましいです。何泊くらい滞在されるのですか？」と返します。

ここでのポイントは、「誰と行くの？　いつ行くの？　どこに泊まるの？」といったプライベートなことについて一切ふれないことです。

素直に「私も行ってみたいです」と感想を述べます。

そして、お客様が軽井沢へ何度も行っているのか、今回が初めてなのかを探るため、「軽井沢まで、何時間くらいかかるのですか？」「いまの時期の軽井沢って、気温はどんな感じでしょうか？」などと聞きます。

「車で2時間だよ」「いまはだいぶ秋めいてきたから、朝晩はちょっと寒いね」などとお客様が返されたら、軽井沢へ何度も行っていると予想できます。

「そうね～、どのくらいかしら？」「気温も気にして、持っていく服を決めないとね」などと返されたら、今回が初めてか、まだ1～2回しか行っていないと予想できます。

お客様を知ることができれば、次は「喜ばれるサービス」です。

お客様のお会計に入る前、他の手の空いているスタッフ（同僚）に「ごめんなさい。

『軽井沢　天気　ここ一週間』って、PCで検索してもらえる?」とお願いします。

そして、私がレジから戻ってくるとき、「お客様、すでにお調べ済みかもしれませんが、いま、来週一週間のお天気をお調べしたので、お邪魔でなければお持ちくださいい」と言って、レシートや保証書と一緒にスタッフに調べてもらったお天気情報をお渡しします。

この例では「天気」という、お客様が軽井沢に滞在中の過ごし方に関係なく必要な情報をご案内しました。

もちろん、お客様との会話の中で「おいしいレストランは?」「おすすめスポットは?」といった話題が出れば、やはり手の空いているスタッフに頼んで調べてもらいます。

お客様が「あのパンを売っているお店、どこだったかしら?」と言えばパン屋さんを、「お買い物はどこに行けばいいかしら?」と言えばアウトレットモールのショップを調べるというように、お手伝いできることはすべて行ないます。

このように、旅行カバンの商品情報に加えて、旅行カバンの利用先の情報まで提供することで、間違いなくお客様に喜んでいただけます。

お客様への質問がチャンスを生み出す。

第4章

悩めるお客様の背中を押すセールストーク

Surrvice

29

お客様の「欲しい」を応援しましょう。

誰でも買い物は楽しいけれど、高額品の購入に踏み切るのは勇気が必要です。

実際、ＬＶのハードトランクを購入されたお客様から、「清水の舞台から飛び降りたつもりで……」とよく言われたものです。

高額品であったり、長く使うモノであったりするからこそ、お客様は購入に慎重になるのです。

「購入したい。でも、購入して本当に役に立つのか……」

ここが悩みのポイントです。


悩んでいるお客様に対して、私たち販売員の役目は、商品を持つことで、どんなうれしいことが起こるか、どのくらい便利になるかという**「夢」や「未来」を語り、お客様の楽しい買い物のお手伝いをすることです。**


たとえば、20代の女性のお客様は、やや値が張る化粧ケースをご所望でした。

「欲しい……でも、本当に使うかしら？　でも、欲しい……でも、必要かしら？　でも、欲しい……」を行ったり来たりしているご様子です。

こんなとき、お客様が商品を購入したくなる「クロージング」と呼ばれるセールストークがあります。

「これが最後の一点ですよ」

「次回入荷はいつになるかわかりません」

このような、ちょっぴり強引なトークです。

しかし私は、あくまでもお客様に楽しく買い物をしていただくお手伝いをしたいと思っていましたから、お客様にこう説明しました。

「欲しいと思ってくださる気持ち、わかります。私も欲しい逸品です。このケースが家にあったら、毎日がとっても楽しくなって、人生に華が咲くかな？　と思います」

お客様は、「そうですよね〜。必要あるなしではなく気持ちの問題なんですよね！」と答えられました。

そこで私は、「いま、このときにこの商品に出合われたのですから、このケースも

お客様のお家に帰りたいかもしれません」と思ったことを話しました。

お客様は笑顔で、自分へのプレゼントとして、化粧ケースをお持ち帰りになりました。

お客様の「欲しい気持ち」を素直に受け止め、商品を手にした後のわくわくする夢や未来を語ることは、どんな上手なセールストークよりお客様の背中を押すのです。

お客様の背中を押して気持ちを高めるのもサービスの真髄。

お客様のためなら
「ティファニー」だって
すすめます。

ＬＶの商品はプレゼント需要が多いのが特徴です。高級品であり、多くのブランドの中から選んでいただくのですから、販売員として、贈る方はもちろん、受け取る方にも喜ばれる商品を探すことは基本中の基本です。

プレゼント用に、ＬＶのバッグか、リングかで迷っている男性のお客様がお見えになりました。大好きな彼女様が長く使ってくれるほうを選びたいというご相談でした。ご予算は10万円です。

当時のＬＶではリングを扱っていませんでした。ですから、本来なら10万円以内のＬＶのバッグをおすすめするところです。

しかし、お客様は本当にＬＶのバッグのほうがいいのか決めかねていました。

お客様がとても悩まれていたので、私は**「ご予算の中で、両方いかがでしょうか？」**と提案してみたくなりました。

ちょうど私が勤めていた新宿高島屋店のそばには、「ティファニー」の店舗がありました。

そこで、お客様に「一緒にティファニーに行きませんか？」と申し出ました。「ティファニーのリングをLVの『ジュエル・ケース』に入れてプレゼントする」というアイデアを思いついたのです。

この提案に、お客様は大喜びです。早速移動して、お客様のご希望に合うリングを一緒に選ばせていただきました。

その後、お客様にはLVでジュエル・ケースを購入していただき、私はティファニーのリングをそのケースに入れ、メッセージカードも付けて、LVのギフトボックスに丁寧にお包みしてお渡ししました。

これで、ご予算内でお客様のご希望がかなえられました。ちなみに、このときのティファニーのリングは約8万円、LVのジュエル・ケースは約2万円でした。

もちろん、会社としてはLVの制服を着てティファニーにお客様をお連れするのはNGです。

しかし私は、お客様のご希望をかなえたくて、信念を持って行動しました。

そして、お客様が帰られる際、「ご予算オーバーになってしまいますが、できれば、あちらのお花屋さんでバラを一輪買ってプレゼントに添えれば、もっと彼女様に喜ばれます！」とアドバイスさせていただきました。

お客様は「ありがとう。助かりました」と言ってくださいました。受け取られた彼女様も、きっと喜ばれたに違いありません。

その後も、このお客様は、記念日にはＬＶを指名してくださいました。

お客様の願いを後押しするだけでなく、一生の思い出に残る接客ができれば、必ずリピーターになっていただけるのです。

自社商品、他社商品に関係なく、贈る人も贈られる人も一生の思い出に残る提案を。

Survice

31

〝完璧な商品説明〟に勝るセールストークなし。

「お客様、この鍵を回すと歴史の音がします」

前述のように、LVのハードトランクには、「世界に一つだけの鍵」が付いていますが、お客様に説明する際、私はこのフレーズを好んで使っていました。

鍵穴にキーを入れて、くるりと回すと、「カチリ」という重厚感のある音がします。LVの歴史の重みを感じさせる音です。この音を聞いたお客様は必ず喜ばれます。

鍵の由来や特徴をLVの歴史とともにお客様にお話することによって、「特別な商品」という認識を高めていただけます。

店頭では、私たち販売員が、ときには商品のつくり手である職人に成り代わり、製造工程まで遡《さかのぼ》って詳しく説明します。

「商品説明」は、お客様への何よりのサービスであり、「完璧な説明」は、お客様への何よりのセールストークです。

つねに商品知識を蓄え、学び続けることは、販売員として最低限のマナーです。自社の商品を愛して、その特徴をよく理解していると、サービスに自信が生まれます。

財布を販売する場合、よくあるお客様の質問として「この札入れに1万円札は入りますか?」「小銭入れに何枚コインが入りますか?」などが挙げられます。
このとき、即答できるかできないかでは天と地ほどの差があります。
次のように具体的に説明して、お客様のニーズに合っているかを一緒に確認します。

「フランス製ですが、日本の1万円札も余裕で入りますよ」
「硬貨は50枚くらいなら大丈夫です」

「この人のサービスを受けてよかった」とお客様が感動するほどの〝商品博士〟になることは、お客様の心を動かす一番の近道といえるのです。

商品の特徴は、完璧に把握しよう。

Survice
32

「商品説明」はデメリットから入るのがいい!?

「決して軽くはございません」

これは、ＬＶに入社すると研修でまず習う言葉です。

ＬＶのハードトランクは、はっきりいって重いです。重量は、10キロ以上になるものもあります。

このデメリットを、販売員は真摯に受け止めて接客します。

お客様に「けっこう重たいね」と言われた場合、「いえいえ、そんなことはありません」「決して持てない重さではないと思います」などと答えていては、誠実に対応していないことになります。

あっさりと、「決して軽くはございません」とハードトランクが重いことを認めてしまうのです。

「そんなことを言っていいの？」と、お客様はびっくりされます。

もちろん、商品説明として「なぜ重いか」を論理的に話します。

「はい。重いのには、理由があります。お客様の大切なお荷物を運ぶために頑丈につくられております。熟練した職人が時間をかけて、たくさんの釘打ちをしています。大きなトランクには100本以上打たれています。決して抜けないように、〝表から打って、裏から打って〟を繰り返します。そんな釘打ちに耐えられる木材を選ぶのも、LVのお仕事の一つです……」

重い理由を知って、納得してハードトランクを購入されたお客様は、いつまでも長く大事に使っていただけます。

一見、否定から始まるセールストークでも、「すばらしい商品です！」と自ら称賛するよりも、説得力があるのです。

正直な説明は、誠実さを表わす。

Survice 33

「正直さ」がアダになることもあります。

前項で見たように、販売員として、お客様の質問には正直に、正確に答えるのが大事ですが、時々これがうまくいかなくなることがあります。

一つ具体例を挙げると、お客様が明らかに間違った商品名をおっしゃったときです。

悪い例

お客様「すみません、モノグラムのボストンバッグの青をください」

（この商品は存在しません）

販売員「お客様、申し訳ございませんが、ご要望の商品は、お取り扱いがございません」

以上が、ごく一般的な受け答えでしょう。

しかしこの場合、お客様との会話ではつねにお客様を肯定することを心がけます。

良い例

お客様「すみません、モノグラムのボストンバッグの青をください」

販売員「はい。お客様、こちらの商品でよろしいでしょうか？」

（ご希望の商品を想像して、イメージに近いものをお見せする）

お客様「違うよ、違うよ！　あっちに飾ってある商品だよ」

販売員「大変、失礼しました。ご一緒に、商品の付近までご案内してもよろしいでしょうか？」

つまり、お客様に恥をかかせないように、自分が間違ったフリをしているのです。

お客様は、販売員より商品の知識がなくて当然です。

販売員の仕事は、お客様に買い物を楽しんでいただき、快適な時間を過ごしていただくお手伝いをすることです。お客様に、正しい商品名を覚えてもらうことが目的ではありません。

ですから、**お客様が商品名を間違っても、わざわざ訂正（否定）する必要はないのです。**

せっかくお声がけいただいたお客様に喜ばれたいと思ったら、否定的な言葉は出てこないはずです。

仮にお客様の間違いが明らかな場合でも、その間違いを一緒に笑ってしまえるような販売員を目標としましょう。

「そうですね。おっしゃるとおりです」と同意するだけで、相手を幸せにすることができる。

Survice

34

ベテランだからこそ
〝初心〟を忘れずに。

流暢《りゅうちょう》に商品を説明したり、会話を弾ませたり、ベテランになってくれば、セールストークが上手になっていきます。

しかし、これが危険信号なのです。トークに自信がついてくると、饒舌《じょうぜつ》になり、ついお客様に〝上から目線〟で話しがちになるからです。

誰でもお客様の立場になれば理解できると思いますが、多少たどたどしくても、丁寧に、一生懸命に接客する新人のほうが、流暢だけど心のこもっていない、機械的に対応するベテランよりも好感を持たれることがあります。

ずるいように聞こえるかもしれませんが、ベテランになっても、**「流暢に話しすぎない」「知ったかぶりをしない（知っていることも知らないフリをする）」**ことも、サービスの一環といえます。

Ａ４の書類が入らない小さめのバッグに対して、お客様から「書類が入りますか?」と聞かれた場合を考えましょう。

悪い例

お客様「このカバンって、A4の書類が入るよね?」

販売員「申し訳ございません。入りません。A4の書類が入るものだと、他の商品になります」

良い例

お客様「このカバンって、A4の書類が入るよね?」

販売員「そうですね、少々きつめになってしまうかもしれませんが……もしよろしかったら、A4の書類をお持ちしますので、ご一緒にお試しいただいて、大きなカバンとも比較して、楽にお使いいただけるほうを選ばれたらいかがかと思います。お時間よろしいでしょうか?」

A4の書類が入らないのが事実で、最初からわかっていたとしても、お客様にストレートに伝えてはダメです。

婉曲《えんきょく》的な言い方で、回り道しながら代案を用意します。正直ではないかもしれませんが、このほうがお客様に対して親切で思いやりがあります。

また、ゆっくりと言葉を選びながら初々しく対応することで、お客様に誠実さと親近感を感じていただけます。

あくまでも「お客様より偉くならない」ことです。ベテランであればあるほど、キモに銘じましょう。


言葉を選ぶから、初々しい会話になり、親近感を与える。

Survice
35

「ご予算はおいくらですか？」はタブー言葉。

ショッピングで、どの商品を買うかで迷っていると、単刀直入に「ご予算はおいくらですか？」と販売員に聞かれることがよくあります。

私は、同じ接客サービス業に携わる者として、寂しさを感じずにはいられません。

「ご予算はおいくらですか？」は、お客様に対して自分から絶対に言ってはいけないタブー言葉です。

たしかに、お客様にご予算を確認したほうが、お客様のニーズに合う商品を早く見つけられるかもしれません。「予算は1万円」と決めているお客様に、3万円の商品をすすめる必要はないと思います。

しかし、お客様にとってご予算はあってないようなものです。

お客様のご要望次第で、5000円の商品を選ばれる場合もあれば、ご予算をオーバーして1万2000円の商品を選ばれる場合もあるからです。

お客様の言動から、ニーズに合いそうな商品を探して説明するだけで、ご予算を聞く必要がなくなります。

具体例を挙げましょう。

悪い例

お客様「すみません。キーケースを見せてもらえますか？」
販売員「はい。ご予算はおいくらでしょうか？」
お客様「え〜っと、1万円くらいでお願いします」
販売員「かしこまりました。こちらとこちらがご予算内の商品でございます」

良い例

お客様「すみません。キーケースを見せてもらえますか？」
販売員「はい。こちらは鍵が4本かけられるもので、こちらは鍵が6本かけられるものです。もっと鍵が少ないようでしたら、キーホルダーもおすすめですが、いかがでしょうか？　お色も、赤、青、緑の3色をご用意しておりますので、いまお持ちの小物と合わせていただいても素敵だと思います」
（さりげなく、3種類お見せする）

お客様「それぞれ、おいくらですか？」
販売員「はい。1万円、1万2000円、5000円となっております」
お客様「なるほど。では、今回はこちら（1万円の商品）にしようかな？」
販売員「かしこまりました。いま、お色もすべて見ていただけるように、こちらのタイプの在庫を持ってまいります」

いかがでしょうか。
あらかじめ、お客様にご予算を聞いてしまうと、紹介できる商品の幅が狭まります。ですから、商品を何点かお見せしてから選択していただく方法をとりましょう。きっと満足していただけるはずです。

ご予算を聞く前に、まず買い物を楽しんでいただく工夫を。

Survice
36

〝オススメ〟を聞かれて、「お好みですね」は×

お客様にご予算を聞くことの次にNGなのが「お好みですね」と答えることです。たとえば、赤いセーターとオレンジのセーターのどちらを買うか、お客様が迷っているとします。

こんなとき、お客様から「どちらがいいかしら?」と〝オススメ〟を聞かれて、「お好みですね」と答える販売員が意外と多いことに驚かされます。

あまりにも残念な対応だと思います。

お客様が悩んでいるのに、その悩みにこたえていないばかりか、〝お客様自身で決めてください〟と突き放してしまっているからです。

お客様のご要望には、自分の言葉で、誠実にこたえることが大切です。具体例を挙げましょう。

悪い例

お客様「赤いペンと黒いペン、どちらがいいと思いますか?」

販売員「同じ形ですから、あとはお好みですね」

お客様「……じゃあ、赤にしようかしら」

良い例

お客様「赤いペンと黒いペン、どちらがいいと思いますか？」

販売員「赤ですと華やかで女性らしい印象ですし、黒ですとシャープでカッコいい印象ですよね。お客様でしたら、どちらをお持ちになっても素敵ですが、書類バックが黒をご利用ですから、よろしかったら、赤にチャレンジされてはいかがですか？」

お客様「そうね！　では、赤をいただくわ」

販売員「ありがとうございます。よかったです。実は赤を選んでくださらないかな？と思っていたんです。先ほどから、黒より赤のペンをお手に取られる回数が多かったものですから、きっと赤いペンに、本日はご縁がおありかと思っております」

お客様「なるほど、たしかに。これで仕事もはかどるわね」

販売員「もちろんですとも！　せっかくならば、ギフト包装いたしましょうか？　ご自分へのご褒美ということで、いかがでしょう?」


まず、一般的な意見でもよいので、自分の考えをお客様に素直に伝えます。

次に、「お客様の楽しい買い物のお手伝いをしている」というスタンスなので、「どちらを選んでも正解」という雰囲気を控えめにつくります。

最後に、お客様が選んだほうの商品を褒めて、「お客様の選択はすばらしい」とさりげなく伝えましょう。

これだけの工夫で、お客様に商品だけでなく、「これを選んで幸せ」という納得感や満足感も一緒に持ち帰っていただけるのです。


自分の考えをお客様に伝える際に注意すべきポイントは、**「自信を持って答える」**ということです。

たとえば、お客様から「このスカートとこのセーターの組み合わせ、どうですか?」と聞かれた場合、自信なさげに「どちらも似合うと思うのですが……」と答えると、お客様は不安を感じます。

「ここで本当に買い物をしていいのだろうか?」と心配になるかもしれません。

「こちらのセーターのほうが、スカートとお色が合いますし、組み合わせとしてはぴったりですよ!」と答えるほうが、お客様は喜ばれます。

豊富な商品知識に基づく、自信あふれるセールストークは、商品の価値を上げる効果があります。

「どちらもいいですよ」とあいまいに答えるのではなく、**「これです!」と言い切って、お客様の喜ぶ顔を見ることも、販売員の務めなのです。**

すがすがしい自信はサービスの一部となる。

Survice
37

「お似合いです」だけでは〝殺し文句〟になりません。

ショッピング中、買おうかどうか迷っている商品を持って（試着もそうですが）鏡の前に立つと、決まって「お似合いです」とお店の人から言われます。

たしかに「お似合いです」は、話すタイミングや声のトーンに気をつければ、お客様への最高の褒め言葉になります。

しかし、言葉で「お似合いです」という気持ちを伝えるのはむずかしいものです。皆さんも経験があると思いますが、褒め言葉なのに、とってつけたように、わざとらしく聞こえる場合が多いのです。

お客様によっては、「他の言葉を知らないの？」と思うかもしれません。

ですから、お客様が商品を持って、自分に似合うかどうかを鏡でチェックしていたら、「お似合いです」と言う代わりに、こうしましょう。

お客様の後ろからこっそり近づいて、さりげなく鏡を覗き込み、ちょっとだけ「息を飲む」のです。

このとき、小さく「わ〜」と声を漏らしてもいいでしょう。

つまり、本当に似合っていると思ったときに自然と出る、表情やしぐさなどを再現するわけです。

50代の女性のお客様がいらっしゃいました。お目当ての商品は、仕事にも普段にも使えるショルダーバッグです。

私は、ご希望にそえそうな商品をいくつか考え、お客様の前に並べました。

そして、お客様と一緒に、一つひとつ手に取って、肩に掛けて、鏡でチェックしていきます。

そうすると、お客様も私も「これだ！」と思える瞬間があります。

私は、お客様が一番似合っている商品を肩に掛けられたとき、**「あ！　この商品です！　こちらです！　そうですよね？　お客様！」**と興奮気味にお伝えました。

このとき、お客様も同じ気持ちであることが多いのです。

私は、本心から「お似合いだわ！」と思った商品だったので、「あ！　この商品です！」と感嘆し、申し上げただけです。

「お似合いです」という言葉は使っていないのですが、私の心の叫びは、確実にお客様の心に届きました。

素直な気持ちと行動は、どんなセールストークよりもお客様の背中を押すのです。

もし、言葉でも「お似合いです」とお客様に伝えるなら、次のようなセリフを口にしましょう。

「お客様、『お似合い』を通り越して、この商品は、お客様のためにつくられたものですよ！　オーダーメイドと同じです！」

いまや買い物は、多くのお客様にとってストレス発散の手段になっています。

私は、ＬＶでの買い物によって、お客様に楽しい時間を過ごしていただくだけでなく、〝非日常〟の雰囲気も味わっていただこうと思っていました。

つまり、日常のあわただしさやマンネリに悩むお客様に対して、一瞬でもそれらを忘れられるドラマ（出来事）をつくりたいと思っていたのです。

ですから、お客様の「お似合い」の瞬間を逃さず、最大限に誇張して、お似合いだと思う気持ちを惜しまないようにしましょう。

ありきたりの言葉ではなく、自然な感情と行動でお客様を喜ばせよう。

Survice
38

「色」の知識は身を助ける。

ＬＶといえば「モノグラム」ですが、バッグは、モノグラムの落ち着いた柄がいいけれど、財布やキーケースなどの小物は、「エピ」のカラフルな柄を選ばれるお客様（女性）が多い傾向があります。

そこで、「色」について少しでもいいので勉強しておくと、お客様がどの色の商品にしようか迷っているときに〝助け舟〟を出すことができます。

色の特徴を簡単に挙げておきます。

- 無彩色（黒・白・グレーなど）……好き嫌いが少ない。
- 有彩色（赤・青・黄色）……好みが分かれる。
- 赤……情熱的、気分を高揚させる。
- 青……心を落ち着かせる、集中力アップ。
- 黄色……明るく、ほがらか。
- ピンク……女性的、若々しさ。
- 緑……ストレスの解消。

たとえば、20代の女性のお客様が、赤の財布にしようか、緑の財布にしようかで悩んでいました。

お客様「やっぱり赤は、かわいいわね〜。でも、赤い財布は〝赤字〟になるっていうから、気になるな〜。緑も大好きな色だけど、地味かしら？」

私　「そうですね。どちらも素敵ですよね。お客様は、赤字にはならないと固く信じておりますが、緑には、お金の使いすぎをセーブする力があるといわれていて、緑のお財布はお金が貯まるらしいですよ！　お気になるようでしたら、今回は緑になさったらいかがでしょうか？」

お客様「あら、そうなの！　では、今回は赤も捨てがたいけど、緑にしようかしら？」

私　「緑にしていただいてありがとうございます！　これで、次回のご来店が約束されたようなものです。しかも、緑はリラックス効果もある色ですから、お買い物をされるたびに、ＬＶのお財布がお客様を癒すことと思います」

そのお客様は、その後も緑の財布を持ってお店にいらっしゃるようになりました。

財布に限らず、毎日一緒に過ごすものを購入するお客様にとって、色選びはとても重要です。

だからこそ、自分の持っている色の知識を伝えることは、お客様の背中を押す効果をもたらします。

色の知識は「悩み」を解決するのに役立つ。

Survice
39

「季節」と「イベント」を武器にしましょう。

「季節」や「イベント」に応じてセールストークを使い分けられるようになると、接客の幅はぐんと広がります。

20代のカップルのお客様がお見えになりました。季節は春でした。
彼女様は、財布を買って欲しいご様子。しかし、彼氏様は「もう少し手頃な値段の手帳だったら、予算以内だけど……」という雰囲気でした。
私は、店内にあるだけの財布と手帳カバーを紹介しました。
「かえってお客様を迷わせるんじゃないの？」という意見もありますが、財布も手帳カバーも長く使っていただくものなので、多くの選択肢の中から、納得の一品を選んでいただくほうがいいと思います。

〝消去法〟で、お客様の好みに合わない商品を消していくと、モノグラムの財布とエピの手帳カバーが残りました。このときは、「季節」に助けてもらいました。

「お客様、〝春財布〟というのをご存じですか？」

私は、春財布について説明し、財布をご希望の彼女様をバックアップしました。

「春財布」＝「張る財布」で、春に財布を購入するとお金が貯まる（お札がパンパンに張る）という縁起担ぎです。

「そっか～、裕福になれる願いが込められるんだね！」と彼氏様は納得し、喜んで彼女様に財布をプレゼントされたのでした。

しかし、これで終わりではありません。

私は、「イベント」をからめた次のセールストークを忘れずに付け加えました。

「手帳は、クリスマスプレゼントにされてはいかがですか？　お財布とお揃いでお持ちになると楽しいですし、手帳ですから年末のほうがお気持ち新たにお買い換えができますよ！」

秋に入荷した手帳カバーは、年末までに御品切れになってしまうかもしれないので、お取り置きをして、お客様にご案内をしたためました。「またお目にかかれるとうれしいです」という言葉を添えて。

そしてクリスマスの前になり、彼氏様がお見えになりました。もちろん、彼女様のプレゼント用に手帳カバーをお求めになるためです。

このように、季節やイベントに応じたセールストークによって、お客様の思い出づくりのお手伝いができます。

私も、春とクリスマスのおかげで、素敵なお客様と出会うことができました。とくにイベントでプレゼントをお探しのときが、お客様に覚えていただけるチャンスにつながります。「あのとき（春・クリスマス・年末年始）に対応してくれた人だ！」と、お客様の思い出として記憶に残る販売員になれるのです。

季節感を大事にしよう。次の季節を考えて会話しよう。

第5章

お客様と一生お付き合いができる顧客管理術

Survice
40

お客様に喜ばれる販売員は「ノート」に何を書いている？

ＬＶの販売員時代の私は、**つねに制服のポケットに小さなA6判のノートをしのばせていました。**このノートには２つの役割がありました。一つは「マニュアル」としての機能、もう一つは「備忘録」としての機能です。

①マニュアルとして使う

私は、店頭でお客様に何を尋ねられても即答できるように、思いつく限りの商品に関する情報をノートに書き込みました。

接客にあたって、「少々お待ちください」とお客様に言わなくてすむように、必要に応じてそのつど追記していったのです。

Ａ６判のノートは、店頭に立ったままでも、ポケットから「サッ」と出せて確認・記入ができる手軽さがよかったと思います。

必要な情報を瞬時に取り出し、回答までの数秒を短縮できれば、「お待たせしない、気持ちよい接客対応ができる販売員」という印象をお客様に与えられます。

お客様のご要望にいつでも応えられるように、あらゆる情報を網羅しておくことをおすすめします（１７８～１７９ページ図参照）。

⑥ 商品券情報

・お客様に使用できる商品券（どの会社のものが使えるか、お釣りは出るかなど）をすぐに伝えられる。

⑦ 人気商品の在庫

・人気の商品は、当日朝に在庫数を確認し、把握しておく。御品切れの場合、お客様をお待たせすることなく、すぐに伝えられる。

⑧ 人気商品の価格

・商品の価格は、お客様から質問されやすいので、人気のモノについてはリスト化しておく。

⑨ 保証書の書き方

・保証書が付く商品の場合、書き方がわかっていれば、お客様をお待たせすることなく、ラッピングまでがスムーズにできる。

⑩ 最寄り駅（店舗から一番近い交通手段）

・電話でも質問される場合が多い。駅名、一番近い出口、出口からの徒歩ルートをスムーズに案内できる。

⑪ 近隣駐車場

・店舗に近くて車が停めやすい駐車場を案内できる。駐車料金、何円以上の買い物で駐車サービス券が出せるかなども確認。

ノートに書き込んでおく情報（例）

① 年間カレンダー

・今日の日付、曜日がすぐに確認できる。
・「1週間後の修理品のお渡し予定日」がお客様にすぐに伝えられる。
・お客様の「次の火曜日って何日？」という質問に即答できる。
・お客様の「次の祝日っていつ？」という質問に即答できる。

② 全国のＬＶの店舗情報

・他の店舗の在庫を確認しやすい。
・他店に商品を取り置く際、その店舗の情報（電話番号、営業時間など）をお客様にすぐに伝えられる。

③ 配送料金表

・お客様の「商品を送ったらいくらかかりますか？」という質問に即答できる。

④ 年中行事

・お客様の「いまは、お中元？　暑中見舞い？」という質問に即答できる。
※お中元、お歳暮、お年賀など、贈る日程はある程度決まっているが、地方によって若干の時期のズレがあるので、地域別にリスト化すると便利。

⑤ クレジットカード情報

・お客様に使用できるクレジットカード（カード会社、回数など）をすぐに伝えられる。

②備忘録として使う

私はお客様について記憶するため、Ａ６判のノートに、お客様の名前と、ちょっとした特徴を記していました。

とくに、お客様との会話の内容はたくさん書きとめました。会話の中で、おそらくそうだろうと思った情報も、忘れずにメモしておきます。

このときのポイントは、左上表のように簡潔に書き込むことです。

そして、Ａ６判のノートとは別に、**もう一冊ノートを用意して、「お客様との会話メモ」をもとに、「お客様記録」を帰宅後や仕事の合間の空き時間を使ってまとめました。**

左下表は、私の一方的なお客様記録なのですが、これで予習（復習）しておくと、お客様の名前が思い出せないというような致命的なミスが避けられます。

また、次回ご来店時にどうすればお客様に喜ばれるかを考える材料として役に立ちました。

お客様がお見えになるたびに「備考欄」が増えていきます。そのデータから、次回

お客様との会話メモ（例）

①名前	佐藤花子様
②出身地	福岡県
③趣味	ゴルフ
④家族構成	ご主人と2人暮らし。両親は福岡、妹は都内、姪（妹の子）がいる
⑤お住まい	二子玉川、田園都市線を利用
⑥よく行く場所	六本木ヒルズ
⑦欲しいもの	ハードトランク、ポーチ（姪のプレゼント）
⑧好きな色	赤・ピンク
⑨好きな有名人	トム・クルーズ
⑩お客様の外見	色白で知的なメガネの女性、お洋服は7号サイズ？
⑪誕生日	8月6日
⑫記念日	10月が結婚記念日らしい

お客様記録（例）

お名前	佐藤花子様
ご購入商品	赤のエピショルダー
ご来店日	○月○日／△月△日
お誕生日	8月6日
お住まい	東京都世田谷区
ご趣味	ゴルフ
ご家族	ご両親、妹（既婚）、旦那様
備考	今度、姪御さんのお誕生日らしい。次回ご来店時にポーチを購入したいとおっしゃっていた。メガネ美人、かっちりとしたスーツ。親思い。モノグラムよりエピ派。

※市販の情報カードを活用したり、PCで作成しプリントアウトしたりして、まとめておくのも可。

ご来店時に「お客様、そういえば先日、姪御さんのお誕生日がお近いとおっしゃっていましたが、おいくつになられたんですか？」と会話を広げることもできるのです。具体的に書いておけば、前回の会話内容を鮮明に思い出せます。お客様との心理的な壁があっても、すぐに乗り越えられました。

私にとって、お客様に喜ばれる情報が満載の「魔法のノート」でした。ぜひ試してみてはいかがでしょうか。

つねに持ち歩けるノートを用意して、サービスの向上に役立てよう。

Survice

41

バックヤードに
お客様の
ブロマイドコレクション。

誰でもそうですが、初めてのお客様の顔と名前を一瞬で覚えるのは簡単ではありません。

私が新人のときは、前項のように、とにかくノートに書いてお客様の情報を暗記していましたが、それでも自分の担当以外のお客様の情報までカバーするのは〝至難の業〟です。

そこで、スタッフ一丸となって考えた方法が、**「バックヤードにお客様の顔写真を貼っておく」**ことでした。

お客様の顔写真は、いまでこそ携帯電話で簡単に撮影できますが、当時はＬＶの新作発表会や顧客パーティなどで**「すみません、一緒にお写真を撮らせていただいてもよろしいでしょうか？」**とお願いしていました。

その写真に、お客様の名前を記入し、バックヤードの目立つ場所に貼るのです。

まるで、お客様のブロマイドコレクションです。

この方法は、顔は見覚えがあるのに名前が思い出せないお客様に対して有効でした。

たとえば、お客様が慣れた様子で店内を歩いていたら（どこかに一点はＬＶの商品を身につけている場合が多いので）、「もしかしてご常連様ではないか？」と予想し、商品の在庫を取りに行くフリをしてバックヤードに駆け込みます。

急いで名前を確認して、**「前田様、いつもご来店ありがとうございます」**と元気よく挨拶するのです。

多くのお客様は、自分の知らない販売員から名前を呼ばれて驚きますが、結果的に喜んでいただきました。

このようなちょっとした工夫で、新人でも、お客様にすぐにお声がけできるようになるのです。

少しの工夫で、顧客情報を共有できる。

Survice

42

手帳にはお客様の予定を書く。接客は「予約制」で。

リピーターのお客様は、商品を購入する際、私たち販売員とさまざまな会話を楽しまれます。

「今度の仕事、すごく大きなプロジェクトなんだよ。緊張するな〜。カバンでも新調すればうまくいくかな？」

「来週、父の誕生日なんで、内緒でイニシャルを入れた旅行カバンをプレゼントしたいのだけど、喜ぶかな？」

「クリスマスに着るお洋服、どれにしたら、彼に気に入ってもらえるかしら？」

販売員として、お客様のお役に立つことができるなら一生懸命にお手伝いしたいので、真剣に耳を傾けます。


そうやってお客様とお会いするたびに「積もる話」が増えていきます。

しかし、時間をかけてじっくりとお話をうかがいたくても、多くのお客様は土日祝日に集中して来店されます。

お客様のご来店が重なってしまうと、同時に接客することが物理的にできません。

お待たせするのも心苦しいので、どうしよう？　と思っていたところ、あるリピーターのお客様が私に提案してくださいました。

「美容院のように、接客を予約できないの？」

たしかにそうすれば、お客様をお待たせすることなく、楽しい買い物の時間を過ごしていただけます。早速、リピーターのお客様に、私の出勤日と空いている時間を電話でお知らせすることにしました。


「高橋様、よろしかったら新入荷の商品がありますので、お立ち寄りくださいませんか？　私の出勤日は、○日と○日です。お差し障りなかったら、ご来店時間のご予定をいただければ、商品とともにスタンバイしてお待ちしております！　メイクも厚めにしておきます！」


当初こそ、かえって失礼にあたるかもしれないとも思いましたが、接客を「予約制」にしてからは、それまで以上に有意義なサービスを提供できるようになりました。

予約制によって、事前にお客様の情報を予習し直すこともできます。いつお客様がお見えになるかわからない焦りがなくなり、気持ちに余裕が生まれました。

お客様からのひと言で「店頭販売なのに予約制」（通常、お客様はいつご来店されてもよいのですから）が普通になりました。

私はこれを「時間割」と名づけて、自分のスケジュール帳にご予約のお客様の名前・ご来店予定を書き込みました。

時間が空けばいつもスケジュール帳を開いて、「明日は高橋様に会える！」と楽しみにして、モチベーションを上げていました。

接客の予約制。必ずしも皆さんに当てはまる方法とは限りませんが、私にとっては有効な方法でした。

小学生に戻った気分で、「時間割」をつくってみよう。

Survice
43

お礼状は必ず手書きで、お客様を思い出しながら書きましょう。

「サンキューレター」とは、商品を購入されたお客様に、店舗（会社）専用のハガキで、販売員がお礼の気持ちを込めて出すものですが、ちょっとした工夫で、お客様の心に残る「お便り」に変わります。

せっかくの「サンキュー」レターです。内容がありきたりだと、お客様に自分のことを覚えていただけません。

次回ご来店時に、お客様からお声をかけていただける販売員になれるかどうかは、サンキューレターの内容にかかっているのです。

①文面……季節感があり、ありふれていないこと。
②文字……美しく読みやすいこと。
③時期……商品購入直後、２日後くらいまで。

私は以上のことを踏まえて、次ページのような直筆のメッセージを添えてお客様に出していました。

拝啓　小春日和の今日此頃、いかがお過ごしでしょうか？
昨日は、ＬＶ新宿髙島屋店にご来店賜り、誠にありがとうございました。
お選び頂きましたバッグは、今年のいち押しでして、お美しいＤ様のワードロー
ブに加えていただき、大変嬉しく思っております。
おうかがいした、次のフランスへのご旅行のお話も大変興味深く、ご帰国の際
はどちらへお出かけになられたか、ぜひともお話を聞ければと思っております。
また、お目にかかれることを楽しみにしております。
まだまだ冷え込む日もございますので、どうぞご自愛くださいませ。
かしこ

文面に、お客様と会話した内容を入れることがポイントです。またお話をうかがいたい、またお会いできればうれしいと、必ずひと言添えましょう。

メール全盛の時代ですが、あえて手書きのハガキを出すことで、お客様の心に残ります。

ハガキで届くと、お客様はふとした拍子に見返すこともあります。処分するときは、念のためにもう一度目を通すでしょう。

メールの場合は、あとで読み返すことがほぼありません。

お客様が自分のことを思い出す機会を、サンキューレターを出すことでつくることができるのです。

さらに、私はサンキューレターのほかに、**定期的に2か月に1回程度**、お客様にお便りを出すようにしていました。

そうすると、お客様はそれが届くのを楽しみに待つようになります。

次回ご来店時に、「いつもあたたかいお便りありがとう。どうしているかな？　と思ったから寄ってみました」と言って、お客様が会いに来てくださることがよくありました。

次ページの文例を見てください。

いつも大変お世話になっております。だんだんと、寒くなってまいりましたが、お変わりございませんでしょうか？

先日、店舗の前にある新しいレストランが美味しいと評判で、スタッフ皆で行ってまいりました。皆、口々にこのレストランの料理はすべて美味しいから、グルメのE様にもお試しいただきたいと申しておりました。

お忙しいとは思いますが、お近くをお通りの際は、ぜひ寄ってくださいませ。

しばらく、E様にお目にかかっていないので、お姿を拝見したいです。

あたたかいコーヒーをご用意してお待ち申し上げています。

かしこ

商品のことに触れる必要はありません。お客様のことを思い出しながら、こちらの近況を添えるのがポイントです。

実際、この定期的なお便りがきっかけで、わざわざ私の顔を見に来てくださるお客様がたくさんいました。

商品のことではなく、「何でもないこと」をお便りにすると、信頼が生まれます。

接客が未熟でも、一生懸命にお便りを書くことで、その後、お客様がご家族、ご友人を連れて来店されるなど、新しい出会いを運んでくださることもありました。

ダイレクトメールではないお便りを、大事にしたいお客様にぜひ送ってみてください。一生お付き合いができる、かけがえのない人になる場合がたくさんあります。

お客様のことをふと思い出したら、すぐにお便りを出そう。

第6章

お客様の「夢」をかなえるクレーム対応術

Survice
44

クレームには必死に対応するだけ。うまい方法はありません。

「クレームはチャンス」とよくいわれますが、基本的にクレームは「ピンチ」です。

お客様からのクレームに対して、販売員は「どうやって切り抜けようか」と頭をフル回転させて必死で解決策を考えます。

その精一杯の努力が、ときどきですがお客様の印象に残り、リピーターになってくださる場合があります。

次に紹介するのは、正確にいえば、クレームとまではいきませんでしたが、私のミスでお客様にご迷惑をおかけしたものの、必死に対応してお許しいただけたエピソードです。


LVでは万年筆も販売しています。当時、新人だった私は、万年筆を購入されたお客様に「販売店名と購入日を記載した保証書」をお渡しすべきところ、うっかりして未記入のままの保証書をお渡ししてしまいました。

すぐにお客様から保証書を返していただき、きちんと販売店名と購入日を記載したうえで、改めてお渡しする必要があります。

ちなみに、このケースで、お客様のご自宅に電話を差し上げる場合には注意が必要です。もし、ご家族へのサプライズプレゼントとして内緒でこっそり購入されていた場合、ご家族にばれてしまう可能性があるからです。

このとき、私はお客様の携帯電話にすぐに電話をかけましたが、つながらなかったので、次のメッセージを留守番電話に残しました。

「すみません、先ほど担当させていただいた櫻澤です。誠に恐縮ですが、私のミスで、大事な保証書に必要事項を記入しないままお渡ししてしまいました。大変お手数なのですが、保証書を、いま一度預からせていただいてもよろしいでしょうか？」

お客様からは、すぐに折り返しの電話がかかってきました。

私はすっかり恐縮し、「本当にすみません。私がきちんとチェックをしなかったために、お買い物をスムーズにしていただくことができず、申し訳ない気持ちでいっぱいです」とお詫びを述べ、「もしも、店舗にお越しになることがむずかしいようでしたら、返信用の封筒を入れて、ご指定の場所にお送りします。いかがでしょうか？」とお願いしました。

すると、本当にありがたいことに「わかりました。お店に送り返しますね。切手は持っていますから、返信用の封筒は送ってもらわなくても大丈夫ですよ」と言っていただきました。おそらく、私のあわてふためいている様子が電話越しに伝わったようで、お客様が助けてくださったのです。

数日後、お客様から届いた保証書を、お詫び状を添えて、完璧な状態にしてお送りしました。以来、このお客様は懲りずにリピーターになっていただき、私を指名してくださるようになりました。

結果的に幸運だったケースかもしれませんが、ミスをしてしまったら、とにかく誠実に対応すること。それがお客様の心を動かすのではないかと思います。

本気さや必死さは、きっとお客様の心に届くはず。

Survice
45

「時間」を味方に。怒りはいつかおさまります。

解決しないお客様のクレームは存在しません。人間は、ずっと怒っていられる生き物ではないので、たとえ時間がかかったとしても、必ず何らかの方法で怒りはおさまります。

クレーム対応とは、**「お客様の夢をかなえる」**ことです。「クレームの発端が何か」を考え、「クレームのいまの状態」を考え、「どうしたら解決できるか」を考えると、結果的に「お客様のご要望に応える」に行き着きます。

- 商品を返品したい。
- 返品して、新しい商品に替えたい。
- 返品して、商品券か現金が欲しい。
- ただ文句が言いたい。
- 商品によって被った被害を弁償してほしい。
- 弁償してくれる場合、現金がいい。
- 商品が使いにくいことを伝えたい。

このように、お客様は販売員に何かしてほしいことがあってクレームを言ってこられます。

もちろん、商品自体に問題がある場合は、丁重にお詫びして、返品・交換の対応をさせていただきます。

しかし、お客様都合の返品・交換で、「見返りが欲しい」「自分が得をしたい」というクレームもあります。その場合、こうします。

お客様「この商品、とっても使いにくいの。おかげで指を挟んじゃって、怪我までしたじゃないの？　どうしてくれるの？」

販売員「申し訳ありません。お客様、お怪我は大丈夫でしたか？」

お客様「大丈夫なわけないでしょう!?　見てわからないの？　このお返しに何をしてもらえるのかしら？　まず、商品はお返ししたいし、怪我をした代償はどう償ってくれるの？」

販売員「申し訳ありません。お客様、具体的にどのようにすればお許しいただけますでしょうか？」

お客様「だから、商品は返品で、怪我に対する慰謝料をいただきたいって言っているのよ！」

販売員「商品は返品と申しますと、お現金で商品代金をお返し差し上げて、あと、慰謝料とはどのくらいの金額をどのような方法でお渡しすればいいのでしょうか？　一応、本社に聞いてみたいと思いますので、ご要望をお聞かせください」

（このときは〝オウム返し〟が有効です。お客様に無理難題のご要望を他人の声で聞かせることで、その熱意をくじく効果があります）

お客様「……」

販売員「私としては、お客様の願いを多くかなえられるように、会社と相談したいと思います。ですが、場合によっては、会社の方針で、ご要望にお応えできないこともあります。それでも、私は、お客様と現在向き合わせてお話しさせていただいて、事情をよく把握したつもりでいます。ですので極力、会社にかけ合って、何かしらお客様にとってよい方法がないかと、精一杯頑張らせていただきたいと思います！」

お客様「ありがとう。お任せします」
販売員**「かしこまりました。また改めてご連絡いたします」**

このように、ひとまずその場をやり過ごしましょう。
「改めてご連絡」は、お客様が少しだけ冷静になった2〜3日後がおすすめです。
いつまでも同じことで怒って、何度も交渉することは、お客様にとっても面倒です。
時間を置けば、おだやかな解決策がきっと見つかるはずです。

> **お客様都合のクレームは、あわてずに、相手の怒りがおさまるのを待つ。**

Survice
46

#「褒める」のは
#クレームのときも同じです。

「一度使ったときに、商品に小さな傷を発見したから、交換してほしい」
「使ってみたら、気に入らなかったから、返品させてほしい」
「どこのお店で買ったかわからないけど、似たような商品だから、交換してほしい」

前項でもふれましたが、販売員としてお客様と接する機会が増えるほど、「えっ！」と驚かされる返品・交換のご要望を受けるものです。

明らかに故意・悪意による返品・交換でも、日本の接客サービス業では〝お客様は神様です〟の精神が強いので、お客様の言いなりになってしまうことがよくあります。

ちなみに私は、こうした返品・交換については絶対に認めないと決めていました。

本書で紹介したように、「褒める」ことは、販売員にとってお客様に気持ちよく買い物をしていただくための必須テクニックです。

実は、私は**クレームのときほど、お客様を褒めまくるようにしていました。**

お客様「この商品、どうなっているの？　早く新しいものに交換してください！　こんなところに傷があったら、最初から購入しないでしょう！」
販売員「申し訳ありません。お客様」
お客様「ほら！　ここに傷があるの、見えないの？」
販売員「お客様、どちらですか？」
お客様「あなた、見えないの!?（怒）」
販売員「申し訳ありません、お客様のように普段から、良いものを身にまとって暮らせる身分ではないもので、まだ勉強不足で、どのあたりが不具合なのかが、よくわからないのです。私もお客様くらい立派な、目の肥えた生活ができれば、さぞすばらしい人生なのにと、本当にうらやましく思います」

とにかく褒めて、褒めて、褒めまくります。

そうするとお客様は、いつしか自分がクレームを言っていることが恥ずかしくなっていきます。

もしくは、怒ることより、もっと褒めてもらうことに気持ちが傾いてきます。

最終的には「あなたが悪いんじゃないんだけどね……。今後、こういうことがないようにと思って、助言させていただいているの」と、親切なお客様に様変わりしてしまうのです。

ひたすらうつむいて「すみません、すみません」と謝ってばかりでは、お客様の怒りの火に油を注ぐ場合もあります。

冷静に、お客様の〝褒めポイント〟を探して、褒めちぎりましょう。

〝褒め殺し〟で、いつの間にかクレームは消える。

Survice
47

お客様が欲しかったのは「商品」よりも「やさしさ」でした。

開店から閉店まで、ずっと居続ける30代のお客様がいました。おそらく、LVで私たちスタッフと話すのが好きだったのでしょう。

通常、販売員の一人が担当になってお客様のお話をうかがいますが、そのお客様は何度も同じ商品をご覧になり、「ここに傷があるから、新しいのを出してきてほしい」などとお願いされるため、結果的に1日中お付き合いすることになります。

困ったことに、一日中お客様の相手をして、次から次へと商品をお見せし、お望みどおり接客しても、必ずしも商品を購入していただけるわけではないのです。

長いときは、店内の電気を切っても帰られず、ガードマンの方と店舗の裏口から出ていただくこともありました。

店内が混んでいるのに、販売員が付きっきりで、一人のお客様のために時間をとられていては、他のお客様に迷惑がかかります。

もちろん、悪い方ではありません。ただ、話が長いだけなのです。

どうしたものかと考えて私がとった方法は、**「お客様を出（入）口まで見送り、特**

別感を味わっていただいて、お帰りいただく」ことでした。

「お客様、すみません、本日この時間から少々立て込んでまいりますので、よろしければ、続きはまた次回にとっておいて、本日は、お出口までお送りしましょうか？」

しかし、「いやいや、少々混んでも大丈夫です」とお客様も負けていません。

私も負けるわけにはいきませんから、**「それがお客様、実はお出口にちょっとしたサプライズを用意しているんです。ご一緒にいかがですか？」**と切り返します。

さすがにお客様もその気になり、「じゃあ、見に行ってみようかな？」となったところで、出口まで引っ張っていきます。

「それでは、素敵な夜をお過ごしください！」と言って私は、寒いときなら「携帯カイロ」、暑いときなら「うちわ」など、季節に合ったお金のかからないものを出口でお渡ししました。

結果的にお客様に早くお帰りいただくわけですが、特別な扱いをしていることはたしかです。

このお客様は、たびたびお見えになりました。たまにですが、商品も購入していただきました。そして私に、いつもやさしくしてくれてありがとう」と言ってくださいました。

お客様が欲しかったのは、やさしくしてもらうことと、特別な扱いをしてもらうことだったのです。

「くじけない」で接すれば、必ず解決策が見つかる。

Survice

48

「過去」は変えられない。「未来」を提案しましょう。

「お客様にこう言えば、必ず怒りがおさまる」という水戸黄門の印籠のような言葉はありませんが、誠心誠意、クレームの原因をうかがうことで、お客様のイライラした気持ちを和らげることができます。

しかし、そうはいっても平常心で対応するのはむずかしいものです。

ついつい焦る気持ちから、お客様に対して余計なひと言を言ってしまったり、聞き間違いをしてしまったりします。話の流れによっては、お客様から辛辣《しんらつ》な言葉を浴びせられ、一方的に責められ続けることもあります。

そうならないように、私はお客様が**元の穏やかな気持ちに戻れる〝忘却の処方箋〟**を心がけました。

あるとき、お客様が「ご来店予約日」でないのに間違ってお見えになりました。

その日、お客様と約束していた販売員は、あいにく出勤していませんでした。

わざわざ旅行も兼ねて遠方から買い物を楽しみにして来店されたお客様は、がっかりしすぎてお怒りになりました。

しかもタイミングの悪いことに、その日は大荒れの天気で、足もとの悪い中でご来店にひと苦労だったのです。

せめてお目当ての商品をお渡しできればよかったのですが、ご来店予約日前で、用意できていませんでした。

お客様は、「交通費とホテルの宿泊料金を弁償してほしい」と言われました。加えて、「精神的ダメージをどうしてくれるのか？」とも。

この場合、そこまで負担しなければいけないのか？　という問題があるので、私はお客様にこう言いました。

「あの、せっかくのご旅行です。このたびの、弊店のご無礼が思い出になってしまっては、本当に申し訳ありません。素敵なホテルもご予約していらっしゃることですし、ここは私に、ホテルまでお送りさせていただけませんか？」

私は、タクシーを呼んで、宿泊先のホテルまでお客様をお送りする道すがら、「東京観光はどうでしょう?」とご提案しました。東京でいま流行っている観光スポットやレストランなどを紹介して、お客様に無念さを少しでも忘れていただきたいと思いました。

すると会話の中で、お客様は甘い物が大好きだとわかったので、都内の人気スイーツ店を紹介し、その日はお別れしました。

「後日、お詫びとして何ができるか、考えてまたご連絡いたします。どうぞ、このご旅行は、楽しんでいただけますようお願いいたします。必ずお電話いたします」とお伝えしました。

お店に戻った私は、すぐにホテルのフロントに電話をかけて、お客様の疲れをねぎらうメッセージカードとともに、部屋にスイーツを届けてもらうように手配しました。

数日後、私はお客様に電話を差し上げました。

「お忙しいところ、恐縮です。先日は、大変失礼いたしました」と私。

「いえいえ、私も勘違いですみません。今回はおかげで、旅行を楽しむことができました。ホテルにまでお菓子を差し入れてくれてありがとう」とお客様。

私は、「次回、もしご来店いただけるようでしたら、楽しいお買い物のお手伝いをさせていただきたいのですが、いかがでしょうか？」と続けました。

「もちろん、喜んでうかがいます」と、お客様はまるで何事もなかったかのように、穏やかです。

私は、お客様にとって悲しい思い出にならないように、イヤな「過去」を、大好きなスイーツが食べられるという明るい「未来」とすり替えたのです。

結果的に、お客様は交通費などの負担について、何も言ってきませんでした。それよりも、「お世話になりました」と感謝していただけました。

どうすれば喜びに変えられるか、あきらめずに考えよう。

おわりに

最後までお読みいただき、ありがとうございます。

私の大好きなビジネス書に、デール・カーネギーの『人を動かす』（創元社）がありますが、この中で**「誠実な関心を寄せる」**ことの大切さが説かれています。

「誠実な関心を寄せる」とは、どういうことでしょうか？

販売職の場合、「商品を購入してもらうには？　販売実績を上げるにはどうしたらいいのだろう？」と、目先の売上を考えてしまいがちですが、そういうことでは、もちろんありません。

本書で繰り返し述べてきたように、**「どうすれば、目の前の人（お客様）が喜んでくれるのだろう？」と素直に考えることなのです。**

相手に誠実な関心を寄せると、結果的に、その相手の心を動かすことができます。

売るための小手先のテクニックはたくさんありますが、どんなテクニックであろうと、「誠実さ」に勝るものはありません。

本書では、私がＬＶに在籍中のエピソードをもとに、実際にお客様に喜んでいただいた方法を紹介しました。

当時は、ＬＶが「**サービスの神話化**」というスローガンを掲げ、全社を挙げて、サービスの向上に取り組んでいた〝熱い時代〟でした。

私はＬＶに勤めながら、「伝統ブランド」にあぐらをかくことなく、完璧なサービスを追求する姿勢に共感し、接客サービス業のプロとしての姿勢を学ばせてもらいました。

ＬＶは、お客様に喜ばれる「**上質**」なサービスを提供し、つねに「**選ばれる**」ブランドでした。

ぜひ、私がＬＶで実践してきた「おもてなし術」を、いますぐ活用してみてください。

自分自身がそうだったように、皆さんの仕事と人生がよりいっそう豊かなものになるはずです。

最後になりましたが、本書の執筆にあたりお世話になったすべての方々に、この場を借りて厚く御礼申し上げます。

２０１２年８月

櫻澤　香

櫻澤香（さくらざわ　かおり）
株式会社ストリーム代表取締役。1969年、長崎県生まれ。証券会社OLを経て、96年、ルイ・ヴィトン・ジャパンに転職し、在籍中の5年間、つねに日本一の個人売上（実質的に5年連続世界一）を記録。ルイ・ヴィトンの原点である「ハードトランク」を数多く販売したことから、"ハードの女王"の異名をとった。その後、グローブ・トロッター・ジャパンが日本初の直営店を立ち上げるにあたって、営業部長として日本展開を手がける。2005年に独立し、インポートブランドをはじめ、多様なジャンルのPR・営業委託・ブランディングを行なう。現在は、東京・銀座のカレーショップ『蜂の家』の運営や、カルチャースクール『ルームオブファウンテン』の運営、海外旅行のプライベートアレンジなど、幅広く活動中。

元《もと》ルイ・ヴィトンNo.1販売員《ナンバーワンはんばいいん》が教《おし》える
上質《じょうしつ》で選《えら》ばれる接客《せっきゃく》の魔法《まほう》

2012年9月1日　初版発行

著　者　櫻澤　香

発行者　杉本淳一

発行所　株式会社日本実業出版社　東京都文京区本郷3-2-12 〒113-0033
大阪市北区西天満6-8-1 〒530-0047
編集部 ☎03-3814-5651
営業部 ☎03-3814-5161　振　替　00170-1-25349
http://www.njg.co.jp/

印刷／壮光舎　製本／若林製本

この本の内容についてのお問合せは、書面かFAX（03-3818-2723）にてお願い致します。
落丁・乱丁本は、送料小社負担にて、お取り替え致します。

ISBN 978-4-534-04988-9　Printed in JAPAN